YINGKE® 盈科

盈科全国业务指导委员会系列丛书·2024

非凡家事

盈科婚姻家事典型案例精选 二

盈科律师事务所／编
杜　芹／主编
郑素洁　崔丹萍／副主编

法律出版社 LAW PRESS · CHINA
北京

图书在版编目（CIP）数据

非凡家事：盈科婚姻家事典型案例精选. 二 / 盈科律师事务所编；杜芹主编；郑素洁，崔丹萍副主编. 北京：法律出版社，2024. -- ISBN 978-7-5197-9651-8

Ⅰ. D923.905

中国国家版本馆 CIP 数据核字第 2024D7S095 号

非凡家事(二)

——盈科婚姻家事典型案例精选

FEIFAN JIASHI (ER)

—YINGKE HUNYIN JIASHI DIANXING ANLI JINGXUAN

盈科律师事务所　编

杜　芹　主　编

郑素洁　崔丹萍　副主编

策划编辑 朱海波

责任编辑 朱海波

装帧设计 汪奇峰　臧晓飞

出版发行 法律出版社

编辑统筹 法律应用出版分社

责任校对 蒋　橙

责任印制 刘晓伟

经　　销 新华书店

开本 710 毫米×1000 毫米　1/16

印张 14.25　**字数** 250 千

版本 2024 年 12 月第 1 版

印次 2024 年 12 月第 1 次印刷

印刷 三河市龙大印装有限公司

地址：北京市丰台区莲花池西里 7 号(100073)

网址：www.lawpress.com.cn

投稿邮箱：info@lawpress.com.cn

举报盗版邮箱：jbwq@lawpress.com.cn

销售电话：010-83938349

客服电话：010-83938350

咨询电话：010-63939796

书号：ISBN 978-7-5197-9651-8

定价：58.00 元

凡购买本社图书，如有印装错误，我社负责退换。电话：010-83938349

序　言

《非凡家事(二)——盈科婚姻家事典型案例精选》是盈科律师事务所的家事律师们奉献给读者的第二本优秀家事案例集。

大法官霍姆斯曾说:“法律的生命不在于逻辑,而在于经验。”法律需要透过案件走入现实,才能展现其真正的价值。而我们编写这部案例集,一方面希望通过这一个个生动鲜活的家事案例,让每一个读者看到法律之于我们的生活如此贴近,法律之于我们的家庭幸福和谐如此重要;另一方面,我们也期望这本案例集,可以让更多法律人看到,从而可以相互借鉴、交流、提升。

中国古训云:“家和万事兴。”家庭是社会的基础,婚姻是家庭的纽带,家庭幸福、婚姻和谐是社会稳定的基石。婚姻家事法律服务,在家庭纠纷解决和家庭关系重建中,发挥着越来越重要的作用。

随着经济社会的发展,我国的家庭户规模、家庭财富状况、婚姻状况、大众婚姻观念等,逐渐出现具有时代特征的变化。

第一,家庭规模不断缩小,出现大量的单身家庭、单亲家庭、独生子女家庭、独居老人家庭等。家庭结构的变化,让家事法律服务出现了新的需求,家事律师提供法律服务,必须更具针对性和个性化。

并且,社会婚恋观逐渐多元化,更多女性随着经济收入提高更具独立个性,对幸福的理解也变得多元。家庭纷争的类型,也在这些不断的变化和冲突、对撞的观念中,日益呈现出复杂多样的形式。

第二,家庭及个人掌握财产的数量、金额逐渐增多,持有形态等也逐渐多样,对于财富管理和传承的需求更加迫切和广泛。家事律师从诉讼服务转向这方面的非诉法律服务,成为一种趋势和必然,因此,就要求律师具备更高的素质和技能。

第三,涉外家事争议及亟待解决的问题增多,无论是传统的婚姻家事领域，还是新兴的私人财富管理领域，相关客户需求中很多都涉及跨境法律服务，而这类需求复合性增强，婚姻家事律师不仅需要与公司、税务等专业律师合作，还需要与境外各专业领域律师合作，共同为客户提供法律服务。有时，还需要与家族财富办公室等其他行业团队合作。对于律师的要求更加丰富多元。

第一辑的《非凡家事——盈科婚姻家事典型案例精选》于2019年出版，2021年1月1日《民法典》正式施行，它被誉为社会生活的百科全书，而这个百科全书中婚姻、继承相关制度的变化非常大。因此，也有必要对家事案件有关法律适用等作更新。

综合以上外部环境和背景变化，家事法律服务越发考验和挑战着家事律师。对客户复杂化法律服务需求的理解，需要家事律师运用更多的视角，采取更多元的解决方案、方式、方法和手段，对家事律师综合解决事务能力的要求越来越高。根据案件审理周期，《民法典》颁布后立案的家事案件，现在基本有了判决，相关新法律、新制度的适用也在案例中呈现出来，我们这本《非凡家事（二）——盈科婚姻家事典型案例精选》也同时孕育成功。它可以反映最新鲜的法律适用，也可以看出多元解决机制下家事争议的处理脉络和变化趋势，具有相当的参考性。

同时，家事案件因为涉及个人隐私，往往不公开审理，相关裁判文书也不能在互联网上公布，这就导致家事案件审理存在很深的神秘感，当事人和律师往往把握不准法院的自由裁量标准。如此，《非凡家事（二）——盈科婚姻家事典型案例精选》就越发显得难能可贵，可为当事人和律师提供案件处理的参考。

盈科律师事务所是以“专业为王”为理念的专业化、国际化律师事务所，截至2024年10月，在全国范围内拥有18000多名律师，在120多个城市拥有分所，海外法律服务网络已经覆盖了103个国家和地区的196个国际城市。所有国内分所和海外机构一定会存在的专业律师和专业部门，就是婚姻家事法律专业。不仅因为婚姻家事是无论身处何地都不可或缺、最普遍和广泛需求的专业领域，更因为盈科婚姻家事，一直是盈科律所专业化程度最高和最具代表性的专业领域之一，涌现出多位颇具影响力的家事律师，多位律师在国际著名评级机构钱伯斯，以及LEGAL 500的评选中登榜，在国内律新社、金线奖以及各省、市优秀案例等评选中获奖。“盈科家事”已经成为一道亮丽的风景线。

《非凡家事(二)——盈科婚姻家事典型案例精选》精选了26位律师精心完成的25宗案例。案例涉及感情破裂的认定、未成年人利益最大化在子女抚养权争夺中的运用、父母出资购房的分割、婚外赠与的无效及返还、为离婚股权转让无效、真假离婚中的财产分割无效、涉外离婚确认、无证房产的继承分割、继父母子女间法定继承人身份确认、复杂家庭结构下巨额遗产分割……聚焦实务难点,既有案例又有律师分析和讲解,相信一定可以给到读者收获和惊喜。

盈科家事律师们对专业的追求永无止境。盈科家事,非凡家事。

杜 芹

盈科全国婚姻家事法律专业委员会主任

2024年11月19日

目录

CATALOG

父母出资为子女购房的认定

——离婚纠纷中对父母为子女购房性质认定的分析

刘 敏

案情简介

男女双方于2012年10月相识,2013年5月20日登记结婚,双方均为初婚未生育子女。婚后夫妻感情尚可,后因生活琐事产生矛盾,2018年10月双方分居。2020年10月女方向北京市某区人民法院起诉离婚,男方表示同意离婚,双方一审庭审中针对2017年女方父母全额出资并登记在女方个人名下的海南房产的性质及分割发生争议,一审法院作出判决认定该房产为夫妻共同财产,女方对案件结果不服便委托我们代理向中级人民法院上诉。

争议焦点

婚姻关系存续期间,女方父母全额出资购买并登记在女方个人名下的海南房产属于赠与夫妻双方还是女方个人,即房产属于夫妻共同财产还是女方个人财产?

律师策略

一、本案适用《民法典》还是原《婚姻法》及相关司法解释

我们作为女方的代理人认为本案应当适用原《婚姻法》及相

关司法解释。本案女方所述2017年6月2日赠与事实与2020年10月提起离婚诉讼的时间均发生在《民法典》生效之前，根据《最高人民法院关于适用〈中华人民共和国民法典〉时间效力的若干规定》第2条规定："民法典施行前的法律事实引起的民事纠纷案件，当时的法律、司法解释有规定，适用当时的法律、司法解释的规定，但是适用民法典的规定更有利于保护民事主体合法权益，更有利于维护社会和经济秩序，更有利于弘扬社会主义核心价值观的除外。"即选择适用何种法律取决于何种法律对我方当事人更有利。原《婚姻法》及相关司法解释对于该房产的定性有明确规定且该规定对女方最有利。原《最高人民法院关于适用〈中华人民共和国婚姻法〉若干问题的解释（三）》第7条第1款规定："婚后由一方父母出资为子女购买的不动产，产权登记在出资人子女名下的，可按照婚姻法第十八条第（三）项的规定，视为只对自己子女一方的赠与，该不动产应认定为夫妻一方的个人财产。"这是非常明确的婚后父母全款出资购买并登记在自己子女名下的房产为子女个人房产的规定。

本案中，女方父母在女方婚后为其全资购买海南房产并登记在女方个人名下的行为，结合上述法律规定已经证明当时其真实意思表示为该房产仅赠与子女个人所有，与其配偶无关。在庭审中，女方提供的《赠与协议》明确约定海南房产为女方父母单独赠与女方个人所有，结合原《最高人民法院关于适用〈中华人民共和国婚姻法〉若干问题的解释（三）》第7条的规定使房产归属更明确具体，对女方更有利。法律适用问题是我们抓住一审法院适用法律错误，在二审中极力主张的关键点。

二、父母赠与子女财产，是否需要书面赠与协议予以证明

为了防止不同人对法律理解偏差导致不必要的纷争，在父母赠与子女钱款、物时，均建议订立书面赠与协议并对相关赠与证据做好必要留存。赠与是一种单务合同，赠与协议并不需要夫妻双方签字才有效，父母与子女签订的赠与协议只要双方意思表示真实，不违反法律、行政法规的强制性规定，不

违背公序良俗就有效。经过见证或公证或在过户时留存的相关赠与协议及配套文件能更好地体现父母真实的赠与意思表示并最大限度地减少财产权益纷争。

我国原《最高人民法院关于适用〈中华人民共和国婚姻法〉若干问题的解释(三)》第 7 条第 1 款明确规定了婚后由一方父母出资为子女购买的不动产并登记在自己子女名下的,视为只对自己子女一方的赠与,为夫妻一方的个人财产。并不需要签订书面赠与协议予以再次证明,但其废止后,《民法典》及相关司法解释的最新规定仅明确遗嘱或者赠与合同中确定只归一方的财产为夫妻一方的个人财产,虽然从实务中理解应与修改前没有特别变化,但删除了明确内容,无疑加大了法官的自由心证而存在不同理解,对婚后一方父母赠与己方子女财产的证明问题存有歧义。若在父母拟赠与子女个人财产时将真实意思通过赠与合同等形式明确,将会大大减少不必要的风险。

最终,二审法院采纳了我方主张的上诉观点即"本案购买、赠与房产事实及提起诉讼时均在《民法典》生效之前,应适用《最高人民法院关于适用〈中华人民共和国婚姻法〉若干问题的解释(三)》第 7 条第 1 款的规定,一审法院适用法律错误"。改判适用了原《最高人民法院关于适用〈中华人民共和国婚姻法〉若干问题的解释(三)》第 7 条第 1 款的规定,确认女方父母为女方购买的海南房产是女方个人财产,不属于夫妻共同财产,成功挽回了女方百万元损失。本案女方是幸运的,她的赠与事实与提起诉讼的时间均发生在《民法典》生效之前并及时在上诉时找到了我们,若案件事实发生在《民法典》生效后,上述房产也有被认定为夫妻共同财产的风险。虽然从理论与实践相结合来考虑,无论适用原《婚姻法》还是《民法典》都不应当影响关于房产是赠与己方子女的认定,但实务中此类案件的认定结果不一。

工作成果摘录

民事上诉状（节选）

关于坐落于海南省海口市某区的房屋,该处房产是女方(上诉人)父母单独赠与女方的房产,购买该房产时是女方父母全权办理购买手续,在提交购房人材料时特意提交女方结婚前的户口簿(户口簿上显示上诉人未婚)足以表明女方父母毫无为两人购房之意,并非赠与两人的房产,且购买后只有女方父母及女方居住过,也是女方父母打算养老的房产,该处房产男方从未去过,未曾居住过一天,且截至一审审理时,男方才知道该处房产,并非如男方所述是女方父母为补偿男方所进行的赠与。不存在购买后男方进行装修和居住的事实,男方在庭审中虚假陈述,一审法院也未做到依法客观地查明事实。另外,购买该处房产的时间是 2017 年 4 月 12 日,赠与行为是发生在《民法典》实施前,依照当时有效的《最高人民法院关于适用〈中华人民共和国婚姻法〉若干问题的解释(三)》第 7 条第 1 款的规定:"婚后由一方父母出资为子女购买的不动产,产权登记在出资人子女名下的,可按照婚姻法第十八条第(三)项的规定,视为只对自己子女一方的赠与,该不动产应认定为夫妻一方的个人财产。"根据当时的法律规定,该处房产登记在女方名下,赠与行为已经完成,一审法院依据四年后的法律《民法典》第 1062 条的规定来规范之前已确定的事实违反了法律适用的基本原则,违反了适用《民法典》相关的规定,属于适用法律不当。因此该处房产属于女方的个人财产,并非夫妻双方的共同财产,男方无权进行分割。

案件结果

二审法院最终全面支持了女方观点:撤销一审法院民事判决第 7 项,海南房屋归女方个人所有。

法院认为:关于法律适用问题同意女方主张,女方上诉主张海南房产购买及登记均发生在《民法典》施行前，应按照当时的法律及司法解释确定该房屋的归属，即按照原《婚姻法》及相关司法解释处理。根据《最高人民法院关于适用〈中华人民共和国民法典〉时间效力的若干规定》第1条的规定："民法典施行后的法律事实引起的民事纠纷案件，适用民法典的规定。民法典施行前的法律事实引起的民事纠纷案件，适用当时的法律、司法解释的规定，但是法律、司法解释另有规定的除外。民法典施行前的法律事实持续至民法典施行后，该法律事实引起的民事纠纷案件，适用民法典的规定，但是法律、司法解释另有规定的除外。"上述房产购买及登记均发生于《民法典》施行前，且女方亦于《民法典》施行前起诉离婚，本案应当适用原《婚姻法》及相关司法解释，故本院对其该项上诉主张予以支持。

关于海南房产，女方上诉主张系其父母对其个人的赠与。根据原《最高人民法院关于适用〈中华人民共和国婚姻法〉若干问题的解释（三）》第7条第1款的规定："婚后由一方父母出资为子女购买的不动产，产权登记在出资人子女名下的，可按照婚姻法第十八条第（三）项的规定，视为只对自己子女一方的赠与，该不动产应认定为夫妻一方的个人财产。"本案中，海南房产系双方婚后由女方父母全款购买并登记在女方一人名下。根据上述司法解释的规定，该房屋应视为女方父母对女方一人的赠与，应认定为女方一方的个人财产。男方辩称该房屋系女方父母对本案双方的赠与，并未提交充分证据予以支持。一审法院对此认定有误，本院予以纠正。

典型意义

实践中，在离婚诉讼中因父母为子女购房而产生的纠纷屡见不鲜，究其根本仍然是政策决断和价值判断的问题。学者与法官等实务人员针对该问题始终有所争论，尤其在《民法典》及相关司法解释出台生效、《最高人民法院关于适用〈中华人民共和国婚姻法〉若干问题的解释（三）》被废止后，争论更盛。若本案是在《民法典》生效后发生，案涉房产还能否被认定为女方的个人财产呢？

1.《最高人民法院关于适用〈中华人民共和国婚姻法〉若干问题的解释（三）》的出台背景

“司法解释”本就是在法律本身需要进一步明确界限或作补充规定时，由最高人民法院作出的解释。2011年《最高人民法院关于适用〈中华人民共和国婚姻法〉若干问题的解释（三）》出台实施前，正值房价飙升从而导致房产分割纠纷正盛之时，为尽快解决现实问题，时任最高人民法院民一庭庭长杜万华在中国法学会婚姻法学研究会2010年年会上表示：制定该司法解释的初衷仅是为了平复社会矛盾与平衡社会利益冲突，其主要目的是解决实际问题，不追求司法解释逻辑及体例上的和谐与完美。这也为后续司法审判实践一度较为混乱埋下了隐患，即审判中出现两个极端：某些审判者只认房产登记，即不管房产出资如何，只看不动产登记在谁的名下就判决归谁所有；某些审判者不管房产登记在谁的名下，谁出资就判决归谁所有。

2.《民法典》及相关司法解释的最新规定

随着2021年1月1日《民法典》的生效实施，《婚姻法》及相关司法解释便废止。《民法典》第1062条第1款第4项规定：“夫妻在婚姻关系存续期间所得的下列财产，为夫妻的共同财产，归夫妻共同所有：……（四）继承或者受赠的财产，但是本法第一千零六十三条第三项规定的除外”；第1063条第3项规定：“遗嘱或者赠与合同中确定只归一方的财产”；《最高人民法院关于适用〈中华人民共和国民法典〉婚姻家庭编的解释（一）》第29条第2款规定：“当事人结婚后，父母为双方购置房屋出资的，依照约定处理；没有约定或者约定不明确的，按照民法典第一千零六十二条第一款第四项规定的原则处理。”即《民法典》及相关司法解释并没有将原《最高人民法院关于适用〈中华人民共和国婚姻法〉若干问题的解释（三）》第7条沿袭下来，反而是将其删除了。

最高人民法院对于删除该条的理由为：“在一方父母出全资并且在购买不动产后将不动产登记在自己一方子女名下的，考虑到物权法已经实施多年，普通民众对不动产登记的意义已经有较为充分的认识，在出资后将不动产登记在自己一方子女名下，认定为是父母将出资确定赠与给自己子女一方的意思表示。”也就是说，《民法典》订立之初并没有承继原《最高人民法院关于适用〈中华人民共和国婚姻法〉若干问题的解释（三）》第7条的规定是因为立法者认为普通民众对一方父母出全资为自己子女购买并登记在自己子女名下的房产，属于赠与自己子女一方的财产这一情况有较为一致的认知，但现实情况反而是审判者因《民法典》及相关司法解释未具体规定，而将该种情况认定为是对夫妻双方的赠与，导致在离婚中被分走财产一方遭受严重的家庭财产损失。

3. 认定原则

建议“有约定从约定，无约定从赠与一方的原则”。即无论父母出资是赠与子女个人还是双方，先看当事人双方是否有明确约定，即出资父母与出资人子女、子女的配偶三方是否有约定。如果没有约定，或者虽有约定但是约定内容不明确的，则需要进一步看出资父母是否明确表示出资只赠与一方。父母出资赠与的真实意思表示，一般应发生在出资时或者出资后。赠与合同属于单务合同，赠与的形式可以是赠与人与受赠人签订书面合同，也可以是赠与人通过书面或者口头的形式明确表示赠与，受赠人通过行为来表示接受赠与。

从日常生活经验看，父母子女的亲缘关系决定了赠与的高度可能性，大多数父母出资的目的是希望改善子女的居住条件，而非日后收回这笔出资。司法实务中，审判者应仔细审查父母出资当时的真实意愿，即使父母与子女之间没有明确约定出资性质和对象，也应尽可能多地探查、相信父母的真实意思表示，毕竟大多数父母无法接受因自己子女离婚导致包括养老费用在内的家庭财产流失大半的风险。若审判者一味僵化适用法条认定父母出资为赠与双方的话，实践中将会有更多为了避免被分财产而伪造债务、虚假诉讼甚至与子女倒签赠与合同等乱象。

律师点评

结婚不仅会使个人身份增加，还会因夫妻二人共同生活而带来财产关系的变化。在房价的急速攀升让房产成为家庭大额财产的情况下，离婚诉讼中父母出资为子女购买的房产的归属问题始终争论不断。即使法律已引导当事人进行事先约定，但基于父母子女之间密切的人身关系和特有的中国传统家庭文化的影响，实践中双方没有约定或者约定不明确的情况仍大量存在，那么对于父母出资为子女所购房产究竟应认定系赠与子女个人还是夫妻双方呢？本案中一审法官认为未明确约定情况下视为对夫妻双方的赠与；我们代理二审后将结果反转，二审法官认定案涉房产系我方当事人父母赠与其的个人财产。

可见家事纠纷具有很强的伦理性，法院在审理父母出资为子女购房类案件时，不仅要依照法律规定还需先尊重当事人的意思表示，即有约定的从约定，无法明确父母出资时的真实意思表示的，将父母意图统一推定为赠与子女一方而非赠与夫妻或是借贷，可避免迂回适用赠与所附条件未成就、所附义务未履行、因主观交易基础丧失的情形变更主张酌情返还等救济手段，简化规范体系的复杂性。且从父母自身角度来说，赠与子女房产的目的就是保障其婚姻幸福，当婚姻破裂时，父母的真实意愿便是不损害自己及自己子女的利益。立法应当体现出这种真实意愿，而不应反其道而行之。当法律直接规定婚后继承或受赠的财产属于一方个人财产时，可以避免很多纠纷，故在今后司法解释修订或修法时，建议对《民法典》第1063条第3项中“赠与合同中确定只归一方的财产”的“确定”一词作进一步扩大解释或修改。同时，家事审判也要采取多种方式妥善化解家事矛盾纠纷，维护当事人合法权益，维护公序良俗，倡导文明进步的婚姻家庭伦理道德观念。

律师简介

刘敏律师，23年执业律师，系盈科中国区董事会董事、全球总部合伙人、盈科北京婚姻家庭法律事务部主任、盈科全国婚姻家事法律专业委员会副主任、盈科北京管理委员会委员、北京盈科家事调解中心执行主任、盈科北京院校委员会主任。

机关算尽的股权转让协议为何被判无效

——解读张某诉靳某、刘某、华美公司股权转让合同无效纠纷案

侯立伟

案情简介

原告张某与被告靳某于 1995 年登记结婚,婚后育有一儿一女,婚后夫妻共同投资成立青岛华美贸易有限公司(以下简称华美公司),认缴注册资本 500 万元,原告张某持股比例为 20%,被告靳某持股比例为 80%。该公司是夫妻家庭财富的主要来源,经过多年打拼二人步入富裕阶层,但靳某却有了婚外情,被发现后百般抵赖。2020 年 6 月,原告忍无可忍以被告靳某对婚姻不忠为由向法院提起离婚诉讼,2021 年 8 月法院判决不准离婚。随后靳某以公司经营需要为由说服张某将其持有的 20% 股权全部转让给自己,公司成为靳某个人持股的一人公司。然而夫妻关系并未因此改善,2022 年 9 月张某提起第二次离婚诉讼。律师查询发现,靳某已经在原告第二次离婚起诉前将华美公司 10% 的股权转移至其表妹刘某名下,继而引发本案:张某为原告,靳某、刘某、华美公司为被告的确认股权转让合同无效之诉。

原告张某认为被告靳某持有的华美公司股权属于夫妻共同财产,被告靳某与被告刘某之间的股权转让行为与正常的股权交易不符,离婚期间被告靳某未经原告同意与被告刘某恶意串通签订股权转让协议,目的是转移夫妻共同财产,故请求法院依法查明事实,认定被告靳某与被告刘某签订的股权转让协议无效,以维护原告的合法权益。

靳某抗辩称：原告没有证据证明股权价值，公司常年亏损，股权转让系有权转让，目的是股权激励，并提交公司《资产负债表》证明股权转让后公司实现盈利，因此证明股权转让没有损害张某的利益。

一审法院认为：本案是股权转让纠纷，股权是股东基于其股东身份和地位而在公司中享有的权利，股权的合法转让主体是股东本人，法律未规定股东转让股权需经配偶同意，股东向股东以外的人转让股权，应当经其他股东过半数同意，被告靳某作为华美公司 100% 的股权持有人，有权决定将其股权进行转让。原告主张被告靳某与被告刘某恶意串通进行股权转让，要求确认股权转让协议无效等诉讼请求，未提供被告靳某与被告刘某恶意串通的证据，被告靳某与被告刘某约定了股权转让价格及支付条件，且根据华美公司《资产负债表》的记载，在被告靳某与被告刘某签订协议时公司处于亏损状态，签订协议后公司取得盈利，且公司注册资本增加，不存在被告恶意串通侵犯原告合法利益的情形，故原告的诉讼请求本院不予支持。

张某不服一审判决，继续委托侯立伟律师代理上诉，上诉理由：(1)张某诉讼请求要求确认靳某与刘某之间股权转让合同无效，因此，本案系确认之诉，案由应该是确认合同无效纠纷，而不是一审确认的股权转让纠纷。(2)华美公司注册资本系认缴，靳某未实际缴纳出资不等于其持有的股权不具有财产价值，受让人刘某未支付对价。(3)靳某提供亏损的公司《资产负债表》不能反映公司真实的经营情况，不能作为股权定价以及公司是否亏损的依据，以公司亏损为由按注册资本价格转让股权没有事实法律依据，公司亏损与股权转让并非同一法律关系。(4)股权转让行为发生时靳某与张某婚姻已经出现危机，刘某作为表妹在华美公司工作，对张某因第三者原因起诉靳某离婚一事，刘某知情。(5)股权转让不存在合理的商业目的。(6)公司股权作为夫妻共同财产，靳某转让股权不是因家庭日常生活需要而实施的民事法律行为，对张某不发生效力。法律对夫妻之间一方可以实施的民事法律行为范围的限制，不得对抗的是善意相对人，综上刘某显然不属于法律规定的善意相对人的范畴。

二审经过庭审调查，首先，确认了一审判决确定案由为股权转让纠纷不当。其次，上诉人提交的已经发生法律效力的离婚之诉判决书及不当得利判决书足以证实上诉人张某与被上诉人靳某的婚姻关系出现了问题，而案涉股权转让恰发生于上诉人两次离婚诉讼期间。股权转让系商事行为，通常情况下应当遵循等价有偿原则，但案涉工商登记备案的股权转让未标注股权对价亦未实际支付。被上诉人主张案涉股权转让时公司负债严重、股权转让系员工激励计划,但被上诉人靳某提交的公司《资产负债表》等证据不足以证实其关于公司当时负债较为严重的主张,其关于股权转让系员工激励计划的主张,除其陈述外,亦未提交充分证据予以证实。再次,被上诉人提交的证据不足以证实案涉股权价值按照工商注册资本 500 万元计价具有合理性。换言之,即使《股权转让内部协议》是真实的,但被上诉人亦未提交充分证据证实其股权对价是客观公平的,是正常的商事交易。最后,被上诉人自始未提交证据证实案涉股权支付了对价。综合以上原因,二审法院判决支持了张某的上诉请求。

律师策略

侯立伟律师团队接受二审委托后对案情再次研判分析确认:一审法院依照《公司法》(2018 年修正)第 71 条①的规定判决驳回张某的诉讼请求,显然适用的是效率优先的商事审判思维。在商事交易涉及家事的股权转让纠纷中,审理该类案件以《民法典》关于婚姻财产的处理规则为依据,还是以《公司法》规定的股权转让规则为遵循,理论界及实务界并未达成共识,同案不同判的现象时有发生。我国《公司法》对股东身份坚持公示主义,持股一方对外转让股权未经共有人配偶同意,即使擅自转让亦为有权处分。而依据《民法典》夫妻共同财产处分的有关规定,除非相对人有理由相信其为夫妻双方共同意思表示的,持股一方在未经共有人配偶同意的情形下,擅自转让股权系无权处分。这表明婚姻财产法致力于构建公平、平等、忠诚、和睦的婚姻生活共同体,强调的是夫或妻非因日常生活需要对夫妻共同财产作重要处理决定,应当平等协商,取得一致意见。如果股权受让方非善意,非持股配偶提出分割原始共有股权的主张,以股权转让行为恶意串通损害配偶利益为由要求确认股权转让无效的,股权将恢复原状至转让股东名下。经类案分析发现,法官在商事思维的裁判理念下审理类似案件,商事案由胜诉比例远低于民事案由

① 现为《公司法》(2023 年修订)第 84 条。

的胜诉比例，所以案由归于商事案由的股权转让纠纷还是民事案由的确认合同无效纠纷，结果至关重要。

在纠正一审案由完成商民审判思维转换的基础上，转让行为是否恶意串通损害配偶利益就成了案件胜败的关键。因为依据《民法典》第 597 条第 1 款之规定，在无权处分条件下订立的股权转让协议并非无效，不存在合同被撤销以及应当认定为无效之法定情形的，应认其为完全有效。所以首先，代理人在一审证据基础上进一步提交了刘某面对询问和质疑始终回避不敢面对张某的证据，来寻求法官的内心确认，即刘某的受让非善意。其次，侯立伟律师在提交被告靳某婚内出轨、两次离婚诉讼期间转让股权的基础上，进一步阐明靳某有与刘某恶意串通转移财产损害张某利益的动机并非空穴来风，其动机在于夫妻一方为公司股东时股权如何分割《最高人民法院关于适用〈中华人民共和国民法典〉婚姻家庭编的解释（一）》第 73 条第 1 款中有明确规定，公司股东的配偶可以成为该公司股东的条件是夫妻双方协商一致，且“其他”股东过半数同意或表示放弃优先购买权，本案股权转让后靳某表妹刘某成为“其他”股东，显然为靳某幕后实际控制，张某股权分割事实上成为不可能。另外，张某确认股权转让无效需要时间亦有败诉风险，因此靳某就可以从容掏空公司资产，以在未来分割股权价值时令张某颗粒无收。

事实上法官的倾向观点对张某是非常不利的。因为根据《民法典》第 1066 条第 1 项的规定，非持股方可以主张分割夫妻共同财产。亦可参照《最高人民法院关于适用〈中华人民共和国民法典〉婚姻家庭编的解释（一）》第 28 条第 2 款之规定，在离婚时向持股方请求赔偿因其擅自处分行为造成的经济损失。也就是说，靳某即使存在擅自处分损害配偶利益的情形，法官也更倾向于让张某另行寻求救济途径。所以，对于本案股权转让造成损失追索的问题，侯立伟律师也做了深度论述，并在庭审结束后与法官沟通时强调：法院判决是社会民众行为方式的指引，维持一审判决会纵容离婚过程中恶意转让财产行为的发生，而行使追索权往往具有极大的不确定性，可能造成财产分割实质上的不平等,浪费司法资源,亦不能彰显法律的正义与公平。通过沟通,侯立伟律师从根本上说服法官不要简单认为即使靳某存在过错,张某也另有救济途径而维持一审判决。所以只有让法官内心受到触动,认可了案件公平正义之所在,才能倾听上诉人呼声,寻求解决路径。

最终法院采纳了侯立伟律师的代理意见,援引《民法典》第 154 条,认定靳某与表妹刘某恶意串通,损害张某合法权益的民事法律行为无效,支持了张某的上诉请求。

工作成果摘录

上诉状（节选）

一审法院认为被告靳某作为被告华美公司 100% 的股权持有人,有权决定将其股权进行转让,属于将公司法与民法典割裂开来,适用法律不当。《民法典》第 1060 条规定:夫妻一方因家庭日常生活需要而实施的民事法律行为,对夫妻双方发生效力,但是夫妻一方与相对人另有约定的除外。夫妻之间对一方可以实施的民事法律行为范围的限制,不得对抗善意相对人。

一、公司股权作为夫妻共同财产,靳某转让股权不是因家庭日常生活需要而实施的民事法律行为,对张某不发生效力。

二、根据该条第 2 款夫妻之间对一方可以实施的民事法律行为范围的限制,不得对抗善意相对人的规定,法院在审理类似案件时,更多地保护善意第三人利益。所以认定股权转让是否有效的焦点在于刘某是否为善意第三人,参照《民法典》第 311 条之规定,股权善意取得之构成,须满足三个要件:受让人主观善意、支付合理对价、股东名册已经变更登记,显然刘某不属于法律规定的善意第三人的范畴。一审法院认定张某未提供靳某与刘某恶意串通的证据,属于对张某提供证据的无视。

三、靳某转让股权给刘某没有合理商业目的，靳某存在损害张某利益的动机和行为，张某一审提供的判决书证明靳某存在第三者，而第三者事件在华美公司员工内部已经公开，张某与靳某离婚诉讼男女双方家族全部知晓，刘某在华美公司工作对此非常清楚。

四、刘某就股权受让没有支付对价，即使补充提供《股权内部转让协议》也改变不了没有支付对价的事实，公司认缴资本是对初始股东而言，不等于股权转让时不支付对价，如果赠与或 0 对价不属于善意第三人的范畴也非公司法意义上的股权转让。

综上，本案靳某在与张某婚姻关系恶化离婚期间，擅自将华美公司的部分股权转让给其表妹刘某没有合理商业目的，且其提供的证据不能证明刘某对靳某的股权转让支付了对价，刘某对张某、靳某婚姻关系恶化事实与原因已经清楚知晓，仍旧任由靳某将股权转让至自己名下，在张某质问时采取回避态度不能给出合理理由，构成恶意。根据《民法典》第 154 条行为人与相对人恶意串通，损害他人合法权益的民事法律行为无效的规定，在离婚诉讼过程中，靳某将华美公司股权转让给刘某的行为侵犯了张某的夫妻财产平等处分权，转让行为当然无效。

案件结果

一审法院判决驳回张某的讼请求，张某不服提起上诉，二审法院经过审理采纳了侯立伟律师的代理意见，支持了张某关于案涉股权转让系靳某与刘某恶意串通，损害了其合法权益，应认定为无效的主张。二审法院判决撤销一审判决，股权转让协议无效，受让人将股权返还靳某并将该股权变更登记于靳某名下。

典型意义

随着社会财富的积累，家庭财产种类也越来越多元，股权成为离婚财产分割的重要内容，而婚姻关系存续期间以夫妻共同财产对有限责任公司出资，但股权登记在一方名下的情形十分多见。登记于一方名下的股权，其归属和未经配偶同意的单方转让行为是否有效，法律理论上存在诸多争论，实务审判因法律规定不明确，裁判说理大相径庭，同案不同判现象严重。本案是夫妻婚后成立的夫妻公司，持股配偶为达到侵占财产的目的机关算尽，花式转移财产，最终将公司10%的股权转让给其表妹并进行了工商变更登记，为张某分割股权设置障碍，引发争议。一审判决转让行为有效，而二审改判无效，无疑对遏制夫妻财产转移、体现法律的公平正义具有非凡意义。本案给我们带来的启示是，股权属于价值重大的财产，转让不适用家事代理权，如果夫妻一方未能协商一致即作处理的，构成擅自处分；如果受让人非基于善意，则股权转让协议对于另一方不具有约束力。当然，夫妻之间对一方可以实施的民事法律行为范围的限制，不得对抗善意相对人。

律师点评

该案最终二审法院判决案涉股权转让系恶意串通，损害了张某的合法权益，应认定为无效。之所以本案二审作出了与一审截然相反的判决和我们的诉讼策略与精心准备分不开，但主要原因还是对民商交叉法律问题的深入研究和熟练运用。《公司法》作为商事法与《民法典》婚姻家庭编因为法律规则不同，两者在法律适用上存在一定的价值理念差异与价值取向上的冲突。在市场经济环境下，商事法以追求交易安全和效率为价值目标，《民法典》婚姻家庭编则强调夫妻关系的平等、和谐与忠诚。以有效为原则无效为例外的商事法层面与以公平优先的《民法典》婚姻家庭编婚姻家庭财产保护层面，平衡点如何把握？实在不好平衡，目前该争议在一定程度上还会存在。

夫妻恩爱，憧憬一起到白头的时候不分彼此，一遭劳燕分飞感情破裂面临财产分割时，为避免陷入被动或者为多分财产，别有用心者就会先下手为强，偷梁换柱、暗度陈仓，而女性柔软、感性、情绪化的特点导致其在家庭中遭遇算计时，取证往往异常困难，如果再与法官保护交易安全的商事思维碰撞，女方当事人可能会有败诉的风险。

实践中,登记机关在受理股权变更登记时无须配偶同意,持股一方转让其名下股权并无障碍,在行政服务便民原则的背景下,股权转让操作便利,各方无须到场即可办理,所以单方转让股权成为持股一方转移共有财产的常用手段。在此,侯立伟律师对未持股配偶提出以下建议:(1)成为公司股东,享有股东的身份和权利,不能成为共有股东可以签订共有协议,由持股配偶代持并告知其他股东;(2)不要当甩手掌柜,可以经常到公司转转,与各位股东互通有无,了解公司财务情况,以便确认恶意转让股权行为发生时股权的真实市场价位。

律师简介

侯立伟律师,北京市盈科(青岛)律师事务所高级合伙人,国家二级婚姻家庭咨询师,企业合规师,盈科家族信托(青岛)分中心主任,青岛市律师协会婚姻家庭与财富传承委员会副主任,青岛市"预防性法律制度暨非讼事件研究中心"研究员。2022 年代理的案件被评为中国首届"参与立法普法宣传十大典型案例",2022 年获青岛市市南区律师行业公益大使称号,系财富保护与传承综合解决方案提供者,并带领团队致力于民商、民刑交叉复杂家事案件诉讼。

签订离婚协议并未离婚　法院认定已建立起双方婚内财产体系

——解读张某诉孙某某夫妻财产约定纠纷案

张城甜　祝　浪

案情简介

张某与孙某某于2014年5月登记结婚，婚后未生育子女。2019年上半年，张某发现孙某某出轨，双方遂于2019年6月签订《离婚协议书》，该协议第四条约定："双方确认，对双方在夫妻关系存续期间的共同财产，由甲方一次性给予乙方现金130万元的方式进行分割，付款方式为本协议签订后支付50万元，剩余款项在本协议签订后2个月内支付完毕。乙方收到上述全部款项后，不再另行向甲方主张分割任何婚内共同财产。"协议第五条约定："特别约定，本协议第四条约定的款项不仅为夫妻共同财产分割的金额，同时也是夫妻双方对乙方个人财产金额的约定，即本协议第二条确认的财产已由双方确认价值，其中作价现金130万元，作为乙方夫妻关系存续期间的个人财产，该条款独立于双方的离婚协议，不因双方是否离婚而无效或解除。"协议签订后，孙某某于2019年6月24日、25日、26日共计向张某转款35万元履行协议，对于剩余款项，当时孙某某称股票暂有亏损、房屋暂未售出，要求暂缓支付。张某遂同意等孙某某将房屋出售后再履行剩余部分款项支付。2022年5月，张某得知孙某某将其名下的按揭房屋以低于市场价的价格出售后，要求孙某某按协议支付剩余款项未果，遂诉至法院。

一审法院认为：夫妻双方可以约定婚姻关系存续期间所得各自所有、共同所有或者部分各自所有，该约定对双方具有约束力。本案中，张某与孙某某于2019年6月24日签订的《离婚协议书》系双方的真实意思表示，内容客观真实，协议合法有效，原、被告应当按照该协议书的内容，履行各自的义务，该协议书中，原、被告就其共同财产的认定和分割，体现出双方的协商与妥协，同时也建立起双方婚内财产体系，该协议应当受到法律保护。依据该协议书的约定，原、被告之间已形成债权、债务关系，孙某某应当在约定的期限内履行给付张某130万元的义务，扣除已付35万元，孙某某还应给付张某95万元，张某相关诉讼请求，本院应予支持。

律师策略

一、了解基本案情后，律师迅速整理了本案的争议问题：

1. 双方签订的《离婚协议书》中，各项约定内容是否均有效？

2. 关于财产分割的约定究竟是以离婚为前提条件对夫妻共同财产的分配还是双方在婚姻存续期间达成的婚内财产约定？

3. 委托人除了要求对方支付剩余款项还有另外一个诉求是“离婚”，此时应该一并处理直接提起离婚纠纷诉讼还是分成两案进行？

4. 要求对方支付剩余的款项是否必须以“诉请离婚”为前提？是否会被法院认为系婚内夫妻财产分割之诉，必须满足法定的分割条件（《民法典》第1066条第1项规定的“一方有隐藏、转移、变卖、毁损、挥霍夫妻共同财产或者伪造夫妻共同债务等严重损害夫妻共同财产利益的行为”）？

5. 如果诉请被支持，在双方婚姻关系暂未解除的情况下，在执行程序中是否会产生阻碍？

二、针对以上问题，律师配套做了以下诉讼路径规划：

首先，以夫妻财产约定纠纷为案由先起诉立案，避免在离婚诉讼中承办法官直接认为该份《离婚协议书》未生效而重新分割财产，从而丧失了法院针对协议单独评析的良好机会。

其次，在立案后的诉前调解阶段与法官积极沟通，打消其对于判决后执行问题的顾虑，说服法官此案并非婚内夫妻财产分割纠纷，应以夫妻财产约定纠纷进行审理。

最后,随时准备在本案诉讼过程中提起离婚诉讼。

工作成果摘录

代理词（节选）

一、本案张某起诉的基础是夫妻财产约定,系夫妻财产约定纠纷,并非婚内夫妻财产分割之诉,因此无须审查是否具备婚内分割财产的法定条件。

(一)夫妻可以约定婚姻关系存续期间所得的财产以及婚前财产归各自所有、共同所有或部分各自所有、部分共同所有。夫妻对婚姻关系存续期间所得的财产以及婚前财产的约定,对双方具有约束力。

(二)参考《最高人民法院新民事案件案由规定理解与适用》一书中关于夫妻财产约定纠纷【确定该案由应当注意的问题】中"在夫妻关系存续期间,乃至在办理离婚登记时或离婚登记后,均可能发生因夫妻财产约定的履行或者效力发生争议而引发的纠纷。此类纠纷均可确定为夫妻财产约定纠纷"的相关内容,在婚姻关系存续期间,对夫妻财产有约定的,只要约定合法有效,可随时要求履行,并无法律强制规定必须在离婚纠纷中才能一并提出。

(三)《离婚协议书》(以下简称协议)签订后,孙某某按协议履行了部分合同义务,也进一步确认了协议内容系双方的真实意思表示,不存在欺诈、胁迫等情形。张某要求孙某某支付剩余95万元的诉请并非婚内请求分割夫妻共同财产,而是要求孙某某履行协议的给付之诉。虽然协议中出现"分割"的词眼,但是通过上下文完全可以推断出双方的意思表示为婚内"非典型意义的析产",实质上为夫妻财产约定。此时无须以是否满足婚内分割夫妻共同财产的法定情形进行判断。

二、协议中关于财产分割的特别约定（第四条、第五条）构成夫妻财产约定，应被认定为有效。

（一）本案协议签订于2019年6月24日，应结合当时的法律规定来进行综合认定。

第一，协议第四条约定："双方确认，对双方在夫妻关系存续期间的共同财产，由甲方一次性给予乙方现金130万元……"第五条约定："特别约定，本协议第四条约定的款项不仅为夫妻共同财产分割的金额，同时也是夫妻双方对乙方个人财产金额的约定……该条款独立于双方的离婚协议，不因双方是否离婚而无效或解除。"第六条约定："本协议一式三份，甲方、乙方及婚姻登记机关各持一份，经双方签字后生效，效力同等。"当时的《最高人民法院关于适用〈中华人民共和国婚姻法〉若干问题的解释（三）》第14条规定："当事人达成的以登记离婚或者到人民法院协议离婚为条件的财产分割协议，如果双方协议离婚未成，一方在离婚诉讼中反悔的，人民法院应当认定该财产分割协议没有生效，并根据实际情况依法对夫妻共同财产进行分割。"本案中双方签订的协议并未按照《最高人民法院关于适用〈中华人民共和国婚姻法〉若干问题的解释（三）》第14条的规定，约定以登记离婚或者到人民法院协议离婚为条件才生效，而是约定"双方签字后生效"。法律允许当事人对民事法律行为附条件，系尊重当事人的意思自治。本案中双方共同排除了《最高人民法院关于适用〈中华人民共和国婚姻法〉若干问题的解释（三）》第14条的适用。也就是明确了双方达成的并非附离婚条件的财产分割协议，因此不能适用《最高人民法院关于适用〈中华人民共和国婚姻法〉若干问题的解释（三）》第14条来轻易否定协议效力。

第二，虽然关于解除婚姻关系的约定因双方未办理离婚登记并未生效，但是根据当时的《民法总则》第156条"民事法律行为部分无效，不影响其他部分效力的，其他部分仍然有效"的规定，协议中关于财产分割的第四条、第五条约定可以认定为有效。

第三，该份协议虽然是具有较强身份属性的合同，但是从根本上判断协议内容是否生效，仍然要遵循合同成立和生效的要件来判断协议各条款的效力。根据《民法总则》第136条的规定："民事法律行为自成立时生效，但是法律另有规定或者当事人另有约定的除外。行为人非依法律规定或者未经对方同意，不得擅自变更或者解除民事法律行为。"本案中的协议已经同时满足法律规定的合同成立、生效要件，不存在无效或可撤销情形。案件审理过程中孙某某以其受到欺诈、胁迫为由提起反诉，但未在规定时间内缴纳案件受理费，也未在庭审中举示相应证据证明存在受欺诈、胁迫的情形。因此，对当事人双方的意思自治应予尊重并执行，孙某某的行为无疑是严重违反了夫妻财产约定。

（二）孙某某不能主张系"赠与"来行使任意撤销权或法定撤销权。

赠与合同，是指赠与人将自己的财产无偿给予受赠人，受赠人愿意接受赠与的合同。要构成赠与，赠与人处分的必须是自己的个人合法财产。赠与行为中赠与人在满足一定条件下可以行使任意撤销权或法定撤销权，但本案中双方对于"在夫妻关系存续期间的共同财产，由甲方一次性给予乙方现金130万元（大写壹佰叁拾万元整）的方式进行分割""本协议第四条约定的款项不仅为夫妻共同财产分割的金额，同时也是夫妻双方对乙方个人财产金额的约定"的夫妻财产约定，系将婚姻关系存续期间夫妻共同财产部分约定为张某个人所有，并非将孙某某的个人财产约定为张某所有，因此在张某与孙某某之间并未构成赠与合同关系。因此，孙某某不能以该130万元系"赠与"来行使任意撤销权或法定撤销权。

（三）协议内容的认定不应拘泥于协议名称。

既然法律允许婚姻关系存续期间男女双方可以通过书面形式在不离婚的前提下实行独立财产制，那么本案中认定"财产约定"是否有效就不应拘泥于是否采用了"夫妻财产约定"等词语作为协议名称，而是应该追根溯源，结合双方约定的内容以及签订协议后的履行行为来认定条款效力。所以，我们认为协议中的第四条、第五条的约定不违反法律规定，应认定为合法有效的夫妻财产约定，双方均应严格恪守履行。

三、本案协议的签订有充分的事实依据，不存在任何欺诈、胁迫等情形。

为了法院查明案件事实的需要，张某就协议中涉及的×××号房屋的相关购买事实以及协议签订经过做了相关补充（因具体内容涉及当事人其他隐私，在此只体现关键部分）。

（一）2004 年前后双方确立恋爱关系，上述房屋系孙某某于 2009 年购买，仅首付几万元。接房后，2011 年双方开始同居，一直住在×××号房屋里。从同居开始家里吃穿住行、水电气等所有家庭生活开销都是张某在负担，偶尔张某也会给孙某某转账。

（二）协议中明确了“登记在甲方名下，由甲方在婚前通过按揭贷款方式购买×××号房屋一套，该房屋在双方婚后由夫妻双方以共同财产归还银行借款至今”。现在孙某某突然主张房屋系“帮其父母代持”“是其父母的财产”完全就是孙某某为了恶意不履行协议而故意找的借口，孙某某举示的证据不足以证明其所述的代持关系成立。

（三）结合物权登记公示效力，孙某某在签订协议时很明显清楚自己处理的是登记在自己名下的财产（包含夫妻共同财产部分），而不是所谓“帮父母代持”的财产。而该部分财产存在婚姻关系存续期间共同还贷以及对应增值部分，理应作为夫妻共同财产进行分割，孙某某称其存在错误认识的说法并不成立。

（四）当时双方协商好准备签订协议之时，也是孙某某主动让张某去找律师拟定。孙某某作为完全民事行为能力人，具有认知和分辨能力，且其一直在准备法律职业资格考试，比一般人更具有法律常识，其应当预见到协议签署后所产生的法律后果。

（五）双方协议签订的基础是建立在房产、车辆、对外投资款、借款、股票和现金综合计算之上，考虑无过错方和女方做了适当倾斜给张某多分了 5%。

首先，×××号房屋虽购买于 2009 年，但是双方于 2011 年开始同居，基于孙某某有过错行为,因此张某提出该套房屋全部作为共同财产予以分割的建议。孙某某出于对张某的自愿补偿心理同意该套房屋全部作为共同财产进行分割,并以2019年的市值近200万元来进行计算,这是当时双方均认可的,并不存在"案外人和张某故意告知孙某某错误的法律规定,导致孙某某陷入错误认识"的相关事实。

其次,案外人偿还的借款本金40余万元,孙某某在婚内转给他人的20万元、孙某某名下股票50万元、张某名下股票10万元、车辆作价7万元、投资款3万元也纳入了共同财产范围内。

最后,因当时孙某某还有另外一套房产也有婚内还贷部分应予以分割,但是该房已经卖掉,所以张某不再过多计较。经计算,双方最后协商由孙某某直接向张某支付130万元整的现金以作分割。

(六)签署的协议是双方协商一致的结果,对双方均具有法律约束力。虽然双方当初签订协议是因为孙某某有过错,但是完全可以看出,张某并无任何乘人之危、欺诈或胁迫的行为,双方是在友好、平等协商的情况下签订的协议。协议签订的整个过程中孙某某如果有任何疑问,是有充足的时间去询问律师求证的。协议签订后孙某某还分别在3天时间内履行了35万元,也能够充分说明在整个协议签订以及履行的过程中,均不存在任何欺诈、胁迫的情形,孙某某完全出于自愿签订了协议,履行了部分义务。

综上,孙某某作为完全民事行为能力人,对行为的后果具备预知的能力,应对自愿作出的行为所引发的法律后果依法承担相应的法律责任。国家保护合法的婚姻关系,保护妇女、无过错方的合法权益。张某基于合法、合理、合情的理由与孙某某签订的合法有效的协议理应得到法律的支持和保护,不能仅凭孙某某毫无证据支撑的片面陈述就轻易否定协议应有的效力或撤销协议。孙某某故意拖延甚至逃避其应当履行的金钱给付义务,完全是恶意损害张某的合法权益。孙某某不仅违反了法律规定的夫妻忠实义务,现在还将张某合理维护婚姻关系和个人权益的合法主张视为"胁迫",妄图以违法行为对抗合法救济，于法于理都不应得到支持。

案件结果

本案一审法院认定张某与孙某某之间签订的《离婚协议书》真实有效，体现出双方的协商与妥协，同时也建立起双方婚内财产体系，协议应当受到法律保护。遂判决孙某某于判决书生效之日起10日内给付张某95万元。案件受理费13,300元，由孙某某负担。本案判决后被告孙某某未提起上诉，一审判决已生效，目前正在强制执行阶段。

典型意义

在此类案件中，普遍涉及夫妻双方会在未登记离婚或在法院调解离婚前拟定包括婚内财产分割等内容的"离婚协议"。若双方未办理离婚登记手续，在婚内签订了相关协议，后续类似协议的性质以及是否有效的认定往往成为案件的争议焦点。协议中的某些遣词造句可能会对整份协议或某个条款的效力认定产生巨大影响。目前在中国裁判文书网公开以"夫妻财产约定纠纷"为案由的民事判决书仅1527份，本案所在市辖区法院的相关民事判决书仅有45份。因此本案对于办理类案以及为当事人拟定"离婚协议""婚内财产协议"时如何设置条款有较大的参考意义。

律师点评

一、此类案件案由如何确定

本案的关键性证据其实只有一份《离婚协议书》，此类案件到底是定夫妻财产约定纠纷、婚内夫妻财产分割纠纷还是离婚纠纷？需要律师结合实务经验对于协议内容精准把握，同时需要律师对相关案由请求权基础和法律适用也充分熟悉。尤其对于模棱两可的案由，代理律师就应提前预想到法院可能会在实体上、程序上对此提出什么疑问和顾虑，立案前做好充分应对准备。

二、此类案件代理的关键

（一）作为原告代理律师

因协议签订和争议产生往往间隔较长时间，因此协议是否有效，通常需要律师引导当事人还原协议签订时的真实背景和心理状态，再据此指导收集相应的证据辅助。如果发现协议内容中存在不被认定的较大诉讼风险，应及时地向委托人作风险告知。

（二）作为被告代理律师

因此类案件的被告一方通常会主张签订协议时存在欺诈、胁迫等情形，或是协议内容存在显失公平、重大误解，还有的会主张“撤销赠与”。那么就要注意，认定协议是否存在欺诈、胁迫、显失公平、重大误解等情形时，被告的举证责任尤为严格；另外还应判断协议约定的财产中有没有实质符合赠与的情形，是否存在约定瑕疵从而满足行使任意撤销权或法定撤销权的情形。

（三）处理相关非诉讼服务

在处理相关非诉讼服务的过程中，判断委托人哪些内容实质是赠与、哪些内容是对于夫妻共同财产约定，设计附条件生效、附条件解除或是签字即生效的条款有时也起着画龙点睛的效果。

律师简介

张城甜律师，中共党员，毕业于西南政法大学法学院，现为盈科重庆高级合伙人律师。同时担任盈科西南区域家族传承与私人财富管理法律专业委员会副主任、盈科全国婚姻家事法律专业委员会副秘书长、盈科重庆党委委员、盈科重庆女律师工作委员会主任、盈科重庆家事法律事务部副主任。曾获盈科全国民事优秀律师荣誉，拥有婚姻家庭咨询师等资格证书。擅长疑难婚姻家事争议、公司法律顾问等业务，在民商事领域具有丰富的诉讼及非诉讼实务经验。

祝浪律师，中共党员，毕业于西南政法大学法学院，现为盈科重庆专职律师。同时担任盈科重庆党委第二支部宣传委员、盈科重庆公益委员会秘书长。主要擅长民商事诉讼、企业合规以及判后执行等相关法律事务。

跨法域抚养权争夺定分止争

——澳门法院确认内地离婚判决

杜　芹　谢翠芹

案情简介

内地居民温某某与澳门居民唐某某感情破裂，因财产分配及婚生子抚养权归属无法达成一致而诉至法庭。一审法院综合双方情况，最终判决将孩子抚养权归于孩子的母亲唐某某一方。温某某因对孩子的深厚感情，无法接受该判决，故委托杜芹律师、谢翠芹律师提出上诉。

本团队结合该子女已经跟随温某某生活了两年多，形成了稳定的成长环境的现实，以温某某的抚养能力与抚养条件明显优于女方，现实中也确实花费大量精力在照顾孩子为着力点为当事人争取抚养权。最终二审法院从最有利于孩子成长的原则出发改判抚养权归温某某。

因唐某某系澳门居民，且双方在离婚过程中失去信任与沟通，加之唐某某存在将孩子带离内地的行为，温某某担心未来其藏匿孩子，或者直接将孩子带去国外，由此造成内地法院的判决无法实际执行的情况。

为此，温某某继续委托本团队处理二审判决书在澳门法院的确认事宜，确保同一事实在两地均一锤定音，使两地法律均对内地生效的判决内容形成保障，确保生效判决的执行力。最终温某某通过该专项服务如愿拿到澳门法院的判决、翻译证明书及前述文书的公证本。

律师策略

本案的难点在于：内地法院作出的包含人身关系、财产关系的生效离婚判决，在澳门对应法院如何得到确认？不同法域下，孩子的抚养、探望在实际执行中如何进行衔接？如何避免孩子被唐某某藏匿、带去国外？

我国是一个多法域国家（non-unified legal system），内地、香港特别行政区、澳门特别行政区和台湾地区分属不同的法域（jurisdictions），两地法院的裁判互认需要经过一定的程序。本案是内地法院的二审判决在澳门法院审查确认的专项法律服务。本团队有关履行的专项服务包含以下内容：

1. 处理及准备澳门律师提起对"内地法院离婚判决于澳门法院提起审查及确认"之司法程序所需的文件，代理当事人直接对接、联络澳门律师。

2. 协助澳门律师提起确认之诉，为澳门律师提供两地法律衔接的法律建议，双方共同协调案件办理。

3. 解答客户关于本案离婚、财产分配、抚养权归属等疑问，及在澳门特别行政区的确认程序，提供相关法律检索报告及相关案例并进行解释说明，召开当事人与两地律师的案件研讨会。

4. 维护抚养权归属一方的权利，特别是若孩子被滞留在澳门时的相关法律事务，包括协助报警、协助当事人与女方谈判、应对履行过程中可能出现的突发情况。

根据相关法律，澳门法院对内地裁决文书确认之诉的诉讼前提包括：

1. 澳门法院对此案具有管辖权。

2. 双方当事人有诉讼行为能力，诉求合法。

3. 裁决文书需完全符合澳门特别行政区《民事诉讼法典》第 1200 条"作出确认之必需条件"的规定。

本团队仔细研读两地法律的相关规定[如《中华人民共和国澳门特别行政区基本法》、《最高人民法院关于内地与澳门特别行政区相互认可和执行民商事判决的安排》（法释〔2006〕2 号）、澳门特别行政区《民法典》、澳门特别行行政区《民事诉讼法典》、澳门特别行政区第65/99/M号法令《未成年人司法管辖范围内之教育制度及社会保护制度》]。后与澳门律师多次对接、探讨，并就文书内容及后续处理提出建议，经历了若干次案件研讨会。

案件结果

本团队最终圆满协助当事人将内地法院判决准予离婚、双方的财产分配及孩子抚养权的归属的内地生效判决在澳门法院完全转录，审查予以确认，并在相关部门留痕保存。此外，本案的确认判决最终是以葡萄牙语作出，由于中文和葡萄牙语均为澳门特别行政区的官方语言，澳门法院不会提供任何官方翻译文本。考虑到温某某日后在内地办理相关手续时的需要，本团队建议及协助澳门律师将合议庭裁判证明书翻译成中文并作公证备用。

典型意义

本案具有典型性。其一，鉴于跨境婚姻及跨境离婚个案不断增加，伴随着涉港澳台婚姻家事诉讼的民事裁决案件出现，两地对裁决文书的确认处理亦会增加。此类案件中，争夺孩子抚养权情况比较普遍，且往往因为探望问题处理不好产生抚养权纠纷。一旦发生一方藏匿孩子或者将孩子私自带去国外的情况，会给另外一方造成极大的探视困难。

其二，以司法的灵活性和对社会生活的回应性，最大限度地减少子女抚养与探望的争议，实现未成年人利益最大化。

其三，对诉讼中涉及的人身关系及财产关系定分止争，维护司法的权威。本案即属于内地生效裁决文书在对方所在地的审查与确认的案例。内地生效判决通过澳门法院审查予以确认后，澳门法院合议庭将内地生效判项内容完全转录，使判决所涉的人身关系、财产关系随之真正意义上实现两地生效。在拿到澳门法院合议庭裁判证明书后，本团队协助澳门律师同步向澳门身份证明局申请，将澳门法院合议庭裁判证明书载入相关政府部门存档的小孩个人档案内，为抚养权的归属增加一份强有力的背书。

其四，本项目的探索，给该项法律事务的办理和发展提供了引领、参考，给各地的其他律师提供了一份该类业务办理的参考指南。不仅契合深圳涉外涉港澳台家事审判中心推动粤港澳大湾区司法规则衔接和融合发展、妥善化解各类涉港澳台家事纠纷的主旨，也用实际案例践行大湾区家事诉讼规则衔接和司法认同理念。

该案办理亦得到广东省律师协会的专业认可和肯定，荣获2019~2022年粤港澳大湾区法律服务优秀案例评选二等奖。

律师点评

在本案中，律师最大限度上帮助当事人减少了子女抚养与探望的争议，使澳门法院将内地法院生效判项内容完全转录。不仅保证了已生效的判决内容未来能在澳门特别行政区执行，实现未成年人利益最大化，也真正意义上解决了当事人的担忧，实现了纠纷的“一揽子”解决。

律师简介

杜芹律师，盈科律师事务所股权高级合伙人，盈科全国婚姻家事法律专业委员会主任，盈科深圳分所管委会副主任/第一、第二届家族法律事务中心主任，广东省律协/深圳市律协理事，深圳律协第十届民事法律专业委员会主任，广东省律协婚姻家事法律专业委员会副主任，国际著名评级机构·钱伯斯私人财富管理登榜律师，国际法律评级机构·LEGAL 500私人财富管理登榜律师。编著有《婚姻律师，这么做才专业》《并购为王|法律的策略与智慧》《非凡家事》《远离危险关系|婚外情的法律应对》《你必须知道的遗嘱》等；为《家族企业》《南方都市报》《中国妇女》《中国妇女报》《广东律师》等杂志特邀撰稿人；深广电《第一现场》《廉正直击》等栏目常驻律师评论员；清华大学、深圳大学、全国各地律协、妇联等政府机构、图书馆、私人银行、保险公司等金融机构特邀授课讲师。创办的“杜芹家族律师团队”，业内久负盛名，专注研究和办理婚姻家事诉讼和家族财富管理非诉家事法律业务。团队研发自有知

识产权「"十全十美"十大系列」和「财富管理八大系列」法律服务产品，拥有专属办案系统、案例研究库、心理财经税务专家顾问团，每年办理家事诉讼和非诉项目上百宗，以"专业、智慧、责任、爱心"赢得众多客户青睐和社会广泛赞誉。

谢翠芹律师，北京市盈科（深圳）律师事务所家事律师，"杜芹家族律师团队"律师，盈科深圳分所家族法律事务中心成员。参与编著《你必须知道的遗嘱》《拒绝危险关系：婚外情的法律应对》；发表《原创 | 面对家暴，究竟该怎么办？写在反家暴法四周年》《真深圳速度！2 小时出具人身安全保护令》《原创 | 家事诉讼中，"调解"究竟有多大威力？》《划重点 | 你必须知道的新继承法十大亮点》《团队案例 | 深圳公证处首宗意定监护协议公证》等多篇家事领域专业文章。

“虚假离婚”之《离婚协议书》中财产分割被认定无效

——“离婚”又复婚，再离婚时财产全部重新分割

易美玲　朱庆升

案情简介

刘某(男)与李某(女)于2008年11月登记结婚,婚后生育两子。自结婚后,李某便辞去工作,没有任何收入,家庭所有开支都源于刘某经营公司的收入。

2014年8月底,以李某的名义签署荔湾区房屋的认购书,李某支付购房定金30万元,刘某支付25万元。2014年9月初,刘某与李某曾办理协议离婚领取离婚证,《离婚协议书》约定:(1)刘某婚前购买且只登记在刘某名下的白云区房屋归李某所有,离婚后1个月内办理更名至李某名下;(2)婚后共同购置的两辆家用轿车离婚后归李某所有;(3)离婚后刘某还需补偿李某人民币100万元。2014年9月中旬,刘某、李某又分别各自支付了一部分荔湾区房屋的首付款,首付款及房屋按揭贷款均于2014年10月、11月支付完成。后刘某、李某于2014年12月复婚。

2019年5月,李某向法院起诉离婚,2019年6月,法院判决不准离婚。2019年7月,李某更换家庭门锁,并将刘某的衣物全部打包寄至刘某的公司,将刘某赶出家门,至此二人感情彻底破裂。

2019年9月,刘某向法院起诉离婚,并要求取得案涉荔湾区房屋,刘某向李某支付房屋补偿款。同时,刘某要求两婚生子刘甲、刘乙由刘某携带抚养,李某每月支付抚养费5000元。

2020 年 12 月，一审法院判决准许刘某与李某离婚；刘甲、刘乙均由李某携带抚养。后刘某、李某均上诉。二审法院维持准许刘某与李某离婚的判决项，改判刘甲由李某携带抚养，刘乙由刘某携带抚养。同时，二审法院裁定财产部分发回一审法院重审。

律师策略

本案发回重审，案由不再是离婚纠纷，而变更为离婚后财产纠纷。刘某的主要诉求为分割登记在李某名下的荔湾区房屋。倘若该房屋系二人婚姻关系存续期间购置，即使该房屋仅登记在李某一人名下，该房屋依法仍为夫妻共同财产，依法平均分割即可。但本案关键是二人在婚姻关系存续期间仅以李某名义与开发商签署了《房屋认购书》并支付定金，在与刘某离婚后，李某才与开发商签署了《商品房买卖合同》、支付购房首付、办理银行按揭贷款，时隔 3 个月，二人办理复婚。

看似简单的一套房屋分割，实则非常复杂。荔湾区的房屋到底是李某与刘某复婚前的个人财产？还是属于李某与刘某的夫妻共同财产？笔者找到几个影响案件的关键因素：刘某的购房资格、购房的时间点、购房定金和首付款的支付、离婚及《离婚协议书》的内容、短暂离婚后即复婚、离婚协议的履行。本案中，对我方有利的关键因素有：其一，刘某是非广州市户籍，不具备以其名义在广州市购房的资格；其二，在协议离婚前 3 天，以李某的名义与开发商签署了《房屋认购书》，且刘某支付了部分定金款；其三，离婚后，刘某还为荔湾区房屋支付了少量首付款；其四，二人协议离婚 3 个月后，迅速复婚；其五，《离婚协议书》中所约定的财产分割及补偿款，至本案诉讼前一直均未履行，李某也从未要求刘某履行《离婚协议书》的义务。

虽然有前述诸多看似对我方有利的事实，但不利的因素也不可小觑：其一，离婚前，李某支付的房屋定金多于刘某；其二，离婚后，在李某支付房屋首付款时，虽然刘某也支付了 10 万余元，但绝大部分首付款是李某及李某的父母支付的；其三，离婚后，单独以李某的名义办理房屋按揭贷款；其四，房屋登记在李某一人名下。

本案中,说服法官认定二人在2014年9月的协议离婚属于“虚假离婚”成为重中之重,也是一大挑战。因为二人在民政部门婚姻登记机关签署《离婚协议书》并办理了离婚证,想要认定“虚假离婚”基本不太可能。但只有认定了“虚假离婚”,李某名下的荔湾区房屋才有机会作为夫妻共同财产分割,否则该房屋会被认定为李某婚前个人财产,那么我方只能分割婚后共同还贷部分所对应的价值的一半。故本案中我方采取的策略是尽全力收集所有证据证明2014年9月的协议离婚属于“虚假离婚”。

工作成果摘录

民事代理词（节选）

一、登记在李某一人名下的位于荔湾区的房屋,依法应认定为夫妻共同财产予以分割,理由如下:

(一)李某与刘某于2014年9月在民政局登记的协议离婚属于“虚假离婚”,目的是规避限购政策,而非真正离婚。

1. 李某与刘某于2008年结婚至2019年,二人感情一直非常良好,育有两子,不存在任何感情破裂需要离婚的情形。

2. 2014年8月底,以李某的名义与开发商签署了《房屋认购书》,同日,刘某刷卡为荔湾区房屋支付了其中的25万元定金。可见,案涉的荔湾区房屋系刘某与李某二人共同决定购置的,且签署《房屋认购书》时二人尚处于婚姻关系存续期间。

3. 2014年9月初,刘某与李某在民政局婚姻登记机关办理协议离婚,签署的《离婚协议书》内容与事实严重不符,且《离婚协议书》中约定的财产处理条款均未实际履行。其一,将刘某在结婚前购买的白云区房屋约定归李某所有,且李某无须支付补偿款给刘某;其二,约定婚后购置的两辆车均归李某,且也未见李某向刘某支付补偿款的相应条款;其三,约定刘某还需向李某支付离婚补偿款100万元人民币。前述《离婚协议书》将刘某婚前购买的房屋、结婚后购置的共有车辆全部归李某一人所有,且刘某还需向李某支付巨额补偿款,显失公平。且在二人离婚后,李某也从未要求刘某履行离婚协议中约定的白云区房屋过户手续、车辆过户手续,也未要求刘某向其支付100万元补偿款,与事实严重不符。

4. 协议离婚后两日,以李某的名义与开发商签署《商品房买卖合同》并支付首付款,其中刘某支付了10万余元首付款。如果二人的协议离婚属实,在离婚后,刘某不可能还帮助李某支付购房首付款。很显然,二人于2014年9月初办理的协议离婚属于“虚假离婚”。

5. 2014年12月,李某与刘某办理复婚登记。2014年11月,李某以自己的名义办理了房屋按揭贷款后,便与刘某火速办理了复婚登记,因购买案涉房屋的手续已全部办理完成,购房所需的单身身份已完成其使命。故李某、刘某于2014年12月办理复婚登记。该事实亦充分证实二人并非真实离婚,而是借离婚短暂的单身身份办理购房等一系列事宜,待房屋购置手续全部完成后,火速复婚。

6. 自2008年与刘某结婚起,李某便无工作收入,也无大额存款,李某个人根本没有购买此高价房屋的经济能力,也没有每个月偿还2万多元按揭贷款的能力。

7. 自李某办理房屋按揭贷款手续后,无论是复婚前还是复婚后,刘某每个月均将按揭还款的钱款2万多元转至李某的还贷银行账户,供李某偿还案涉房屋的银行按揭贷款。

上述所有事实完全符合借“虚假离婚”规避限购政策而购置房屋的情形,故案涉荔湾区房屋应依法认定为夫妻共同财产,予以分割。

以上事实及代理意见,请法庭依法认定并采纳。

案件结果

一审、二审法院均完全采纳了我方的主张，认定了二人2014年9月协议离婚属于“虚假离婚”，同时认定了双方签署的《离婚协议书》中关于财产约定的条款无效，荔湾区房屋全部作为夫妻共同财产分割。一审判决后，李某不服提起上诉，二审维持原判。故一审、二审法院均支持了我方的主张。

一审法院认定：虽然双方在2014年9月办理了协议离婚，但双方随后复婚的时间与离婚时间相距极为短暂，审查双方签订的《离婚协议书》，约定的财产分割部分与事实完全不符，从情理来讲也非常不合理，且事实上李某也从未要求刘某履行《离婚协议书》所约定的内容，这足以令人对二人办理离婚的真实目的产生怀疑。……综上，本院认为双方在2014年9月办理的离婚登记，是为了规避房屋限购政策而办理的，《离婚协议书》中双方对财产处理的约定应属无效。既然如此，荔湾区房屋应属于夫妻共同财产。

典型意义

本案具有典型的实务指导意义。现实中，因购房资格或贷款比例、利率等各种因素，夫妻二人协商通过“虚假离婚”的方式取得购房资格，离婚后以一方的名义购置房屋，购房后，夫妻二人对复婚产生争议的，势必牵涉房屋的权属问题；即使复婚，复婚后若房屋仍登记在一人名下，二人因故感情破裂打算真正离婚时，房屋权属争议的可能性也非常大。这时，房屋的权属问题往往成为双方当事人争执的焦点。而对于房屋权属问题，最重要的便是对“虚假离婚”的认定与否。从法律角度上看，只要在婚姻登记机关办理了离婚证的，就都属依法解除了婚姻关系。在依法解除婚姻关系的情况下，如何认定双方签署的《离婚协议书》中部分约定无效，对律师来说是非常大的挑战。本案在办理过程中，律师重点分析了我方取胜的焦点问题，并找出法官可能支持我方主张的有利因素，同时，也总结了对我方不利的因素，以我方有利之矛攻对方之盾。办案过程中，我方提交了大量的证据，以证明二人为规避房屋限购政策而采取“虚假离婚”以获得购房资格及有利的贷款利率，再结合复婚的事实，提高经办法官内心对“虚假离婚”的认可，从而使其支持我方的主张。

本案的借鉴意义主要在于：在民政部门婚姻登记机关登记离婚并领取离婚证的，也有机会被认定为“虚假离婚”，其中解除婚姻关系的事实也许无法推翻，但离婚协议书中的相关财产约定、债权债务的处理是有可能被认定为无效的。

律师点评

离婚案件中关于财产分割的法律规定主要有：《民法典》第 1062 条夫妻共同财产的规定、第 1063 条个人财产的规定、第 1065 条约定财产的规定、第 1087 条照顾女方及无过错方原则的规定、第 1092 条隐藏、转移、变卖、毁损、挥霍夫妻共同财产少分或不分的规定，以及《最高人民法院关于适用〈中华人民共和国民法典〉婚姻家庭编的解释（一）》第 24 条、第 25 条至第 32 条、第 69 条至第 83 条的规定。关于离婚案件中夫妻共同财产的分割，重点在于证明存在夫妻共同财产，如房产、车辆、公司、股票基金、保险等。

一、关于夫妻共同财产

在实务中，虽然有些地方的法院在案件审判过程中，法庭会要求夫妻双方均如实填写《财产申报表》并将相应的财产凭证资料交予法庭，但大多数法庭目前还没有此要求。即便法庭要求双方填写《财产申报表》，但部分不诚信的当事人也可能存在不如实提供财产的情况，而法庭也不太可能帮助任何一方当事人查询对方名下所有的财产情况。故存在夫妻共同财产的举证主要由当事人提供相应的财产证明材料，如房屋产权证书、车辆不动产登记证明、行驶证、银行账户交易流水及余额、保险合同、公司出资证明或其他形式的凭证、证券账户、基金购买赎回的基本情况等。这就要求当事人在婚姻关系存续期间就注意了解、收集、保存对方名下的相关财产信息，而不是等到二人感情不和意欲提起离婚时才想到要收集。同时，即使当事人在婚姻关系存续期间不能详细地收集对方名下的财产情况，但只要当事人能提供财产线索，在办案过程中，代理律师也可以通过向法院申请律师调查令的方式，调取对方名下更为详细的财产信息，如调取对方名下银行账户近两年的交易流水及余额、证券账户购买股票基金的交易情况等。

二、夫妻因规避房屋限购而办理“虚假离婚”的认定

夫妻因规避房屋限购而办理“虚假离婚”取得离婚证后，以其中一方的名义购买房屋并登记在一方名下时，另一方就要证明购买的该房屋系夫妻共同财产。为了避免另一方不能证明房屋系共同财产情况的出现，笔者建议：

(1)在二人协商“虚假离婚”后购房的，在协商过程中就要注意收集证据，如二人协商过程中产生的微信聊天记录、对话记录等；

(2)离婚协议书一定不能自行随便拟定，而要聘请专业律师拟定，在离婚协议书中一定要约定取得房屋的一方对另一方的补偿，补偿金额、支付时间均应具体明确；

(3)另行签署离婚后的共同购房协议，约定房屋的权属比例、出资、违约责任等条款；

(4)购买房屋时，另一方支付购房款的，一定要保留相应的付款凭证；

(5)购买房屋后，应尽快复婚。

律师简介

易美玲律师，北京市盈科(广州)律师事务所股权高级合伙人、婚姻家事法律事务部主任、盈科粤港澳大湾区家族财富管理专业委员会副主任、高级婚姻家庭咨询师、心理咨询师(高级)，擅长且专注于婚姻、继承、遗嘱、信托等家事诉讼与非诉讼法律服务。

朱庆升律师，北京市盈科(广州)律师事务所合伙人、股权投资与并购重组法律事务部副主任、广州市律师协会第九届政府投融资专业委员、湛江仲裁委员会仲裁员，具有基金从业资格。主要执业领域：股权(设计、激励、诉讼)、公司法律事务、投融资及建设工程纠纷处理等。

子女抚养权归属应遵循“未成年人最大利益原则”

——两个年满八周岁婚生子均愿随母亲生活，二审法院判决父母各抚养一人

易美玲　朱庆升

案情简介

刘某(男)与李某(女)于2008年11月登记结婚,婚后生育两个儿子:2010年1月生育大儿子刘甲,2012年1月生育二儿子刘乙。刘甲、刘乙出生后与刘某、李某共同生活。自结婚后,李某便辞去工作,没有任何收入,家庭所有开支都源于刘某经营公司的收入。

2014年9月刘某与李某曾协议离婚领取离婚证,2014年12月办理复婚。2019年5月李某向法院起诉离婚,2019年6月法院判决不准离婚。2019年7月李某更换家庭门锁,并将刘某的衣物全部打包寄至刘某的公司,将刘某赶出家门,至此二人感情彻底破裂。自2019年7月后,刘甲、刘乙便单独随李某及李某父母共同生活。

2019年9月,刘某向法院起诉离婚,并要求分割夫妻共同财产,同时要求两婚生子刘甲、刘乙由刘某抚养,李某每月支付抚养费5000元。

一审庭审时,李某将刘甲、刘乙带至法庭,刘甲、刘乙二人均向法庭表达了“若父母离婚,愿随李某共同生活”的意愿。

一审法院于2020年12月判决准予刘某与李某离婚;并判决刘甲、刘乙均由李某携带抚养,刘某每月支付刘甲、刘乙抚养费共1万元。

收到一审判决后,刘某对于一审法院“刘甲、刘乙均由李某携带抚养”的

判决项不服，提起上诉。

律师策略

刘某因不服一审法院判决两婚生子均由李某携带抚养，遂找到笔者，希望笔者代理该案二审，上诉至二审法院。刘某明确提出上诉目的：至少改判一个婚生子由刘某携带抚养。

该案二审是极具挑战性的，因为一审法院判决本没有错。我国《民法典》第1084条第3款明确规定："离婚后，不满两周岁的子女，以由母亲直接抚养为原则。已满两周岁的子女，父母双方对抚养问题协议不成的，由人民法院根据双方的具体情况，按照最有利于未成年子女的原则判决。子女已满八周岁的，应当尊重其真实意愿。"该案中，两婚生子刘甲、刘乙均已年满八周岁，且向一审法院表示二人均愿随李某共同生活。如何在上述法律明确规定的前提下，提高二审关于两婚生子抚养权的改判概率是本案的重中之重。

笔者想到了婚姻家庭案件中的"人性"、"感性"与"理性"的冲突；"法律"与"现实"的冲突；"公平"与"正义"的实现；"未成年人最大利益原则"的实现等问题。虽然一审法院严格"依法判案"并没有错，但总归失了点"人情味"。于是笔者与当事人协商确定运用"未成年人最大利益原则"去打动二审法官，提起上诉。

工作成果摘录

民事上诉状（节选）

一审判决两婚生子均归李某抚养，违反了我国家事审判中"未成年人最大利益原则"。从两婚生子的最大利益出发，应改判为刘某、李某各携带抚养一个婚生子。

一、申请取得抚养权的当事人应当举证证明其申请有利于未成年人身心健康，符合未成年人的最大利益。而李某并不符合该条件。

根据《广东省高级人民法院家事案件审理规程(试行)》第36条“申请取得抚养权的当事人应当举证证明其申请有利于未成年人身心健康，符合未成年人的最大利益”之规定，法庭应综合比较父母双方申请孩子抚养权的条件来判定抚养权的归属。而一审法院仅以“由于分居期间两孩子一直随李某生活，且庭审中表达了不愿分开及均希望随李某一起生活的意见，因此李某要求取得两孩子的抚养权，本院予以支持”为由判决两婚生子均由李某携带抚养，违反了家事审判中“未成年人最大利益原则”。

“未成年人最大利益原则”应综合考虑以下三个方面：

(一)未成年人的年龄。

年龄虽然是我国法律界定民事行为能力的标准，却不是唯一的标准。特别是针对未成年人来说，未成年人心智尚不成熟，容易被身边人的言语、行为所误导，无法正确判断“对己何为最大利益”。故上诉人认为，不能仅以刚年满八周岁的未成年人的意愿作为唯一判定孩子抚养权的标准，此做法明显违背了“未成年人最大利益原则”，使未成年人得不到本该获得的最大利益。

(二)未成年人的利益。

未成年人的利益分为目前现存利益、短期利益、长远利益。且利益系多方面的，如受保护的利益、受教育的利益、经济利益、安全利益等。未成年人抚养权的判定应综合考虑未成年人“最大利益”，包括长远利益、最大利益，而不能仅考虑“目前随其生活”如此短见的利益，便将两婚生子判归被上诉人携带抚养，此种做法，同样违背了“未成年人最大利益原则”。

(三)未成年人的智力。

未成年人的智力的发展，需要有良好的教育和良好的经济支持。结婚以后，被上诉人便一直没有收入。两婚生子的教育、生活乃至整个家庭的支出，都源于上诉人在外的打拼。子女的智力发展离不开良好的教育(包括学校教育及课外辅导、德智体美劳全方位的教育)，而良好的教育离不开优越的经济支持。很显然，被上诉人无法提供两婚生子最优质的“智力教育”，若两婚生子判归被上诉人，同样违背了“未成年人最大利益原则”。

二、于本案而言，综合考虑未成年人的年龄、利益、智力三方面因素，从“未成年人的最大利益”出发，应判决刘乙由上诉人携带抚养。理由如下：

(一)被上诉人并未提供充分的证据证明其抚养两婚生子有利于两婚生子的身心健康及符合两婚生子的最大利益。

根据《广东省高级人民法院家事案件审理规程(试行)》第36条“申请取得抚养权的当事人应当举证证明其申请有利于未成年人身心健康，符合未成年人的最大利益”之规定，取得抚养权的一方应提供充分的证据证明其抚养孩子是最有利于孩子身心健康及符合孩子最大利益的，而被上诉人并未提供充分的证据证明其适合抚养两婚生子，且事实上被上诉人携带抚养两婚生子也不符合两婚生子的最大利益。

(二)虽然法律规定“子女已满八周岁的，应当尊重其真实意愿”，但“尊重”并不等同于“必须接受”其意见。判决子女抚养权仍应综合考虑“未成年人的最大利益”。

本案中，自2019年7月伊始，李某便更换家里门锁将刘某赶出家门，迫使刘某无法继续与两婚生子共同生活。在长达18个月的时间里，两婚生子只跟女方生活、接触，且孩子尚年幼，无法分辨是与非，更无法分辨何为对己的最大利益。尤其是刘乙刚年满八周岁，刘某又被李某无情地隔离见不到孩子。在这种情况下，为了使刘乙愿随被上诉人共同生活，刘乙极易被被上诉人灌输“爸爸是坏人”“不要跟爸爸”等思想，变成“乖乖地只听妈妈的话”的孩子，致使刘乙无法正确认识上诉人对其的父爱，亦无法真实分辨对其最有利的情形，也无法认清父亲角色对其的重要性。

故刘乙在一审到庭所陈述的“愿随李某生活”的意愿是否为其“唯一真实想法”存在诸多疑问。上诉人认为不能仅以刘乙不成熟的意愿作为唯一的判定理由,而应综合考虑采用“未成年人最大利益原则”。

(三)一审法院认定的“分居期间两婚生子随被上诉人生活”,其客观上系被上诉人人为故意地剥夺了上诉人与两婚生子共同生活的权利,且该行为给两婚生子造成了极大的伤害。

一审法院认定的“2019 年 7 月 10 日,被上诉人更换了家里的门锁,并将上诉人的所有衣物全部打包寄往上诉人所在的公司”这一事实可以确定,被上诉人人为地将上诉人与两孩子分开,故意不让上诉人接触孩子。这一行为不仅令上诉人伤心欲绝,也在很大程度上令孩子“失去了爸爸”“失去了父爱”。

被上诉人残忍地将孩子父亲“扫地出门”,不再让上诉人接触孩子,故意制造了“两孩子随上诉人共同生活”的事实,甚至教唆孩子“不要见爸爸”“见了爸爸,他会把你带离广州”等话语,令孩子对爸爸心生恐惧。被上诉人的种种“阻隔父子情”的行为,系达成其“抢夺孩子抚养权”的目的,很明显地损害了“未成年人的利益”。

一审法院因“两婚生子随被告生活”便判决两婚生子均由被上诉人携带抚养,实为认可被上诉人“抢夺孩子”的行为。司法实践中,也正是由于法院如此判决孩子抚养权的“偏见”,致使现实生活中常常出现“抢孩大战”。此种“抢孩大战”极大地损害了孩子的利益,有违“未成年人最大利益原则”,应予纠正。若不予纠正,社会上的“抢孩大战”将愈演愈烈,社会的和谐稳定无法得到保障,同时也极大地违背了社会主义核心价值观。

(四)从孩子未来智力与长远利益角度考虑,上诉人更“有利于抚养孩子”。请贵院改判刘乙由上诉人携带抚养为宜。

1. 被上诉人自 2008 年至 2018 年约十年间均没有工作,没有收入,且因离婚财产分割取得房屋需负债 500 多万元,而其目前月收入仅 6000 元,故被上诉人无力同时抚养两婚生子。

2. 被上诉人行为偏激,不适合同时抚养两婚生子。

2019 年 7 月,被上诉人起诉离婚被驳回后,被上诉人做出种种极端行为,如更换房屋门锁并将上诉人的个人物品打包寄出，导致上诉人至今“有家不能归”。此种过激行为不仅使夫妻感情急剧恶化，也完全不顾两婚生子对父亲的情感需求，隔离两婚生子与父亲之间的“父子情”。此种过激行为，势必会导致两个年幼的婚生子对父亲的误解、对家庭的错误认识，对孩子未来成长不利。

3. 被上诉人百般阻挠，致使上诉人已长达 18 个月未见到两婚生子，若两婚生子均由被上诉人抚养，上诉人的探望权仍将得不到保障，届时将耗费更多司法资源来处理探望权事宜。

4. 上诉人有足够的能力抚养照顾好刘乙，且上诉人承诺保障被上诉人对刘乙的探望权。

综上所述，上诉人认为，一审判决关于两婚生子抚养权，未充分考虑“未成年人最大利益原则”，应予改判。上诉人为维护自己的合法权益，特依法提出上诉，请二审法院判如所请。

案件结果

二审法院完全采纳了我方主张的“未成年人最大利益原则”，依法支持了我方刘某的上诉请求，改判刘乙由刘某携带抚养。

二审法院支持我方诉求的理由主要有二：其一，两个子女由双方各带一个，可以充分平衡父亲与母亲各自享有的亲权，孩子的健康成长既需要母爱也需要父爱，父与母的角色都不可或缺。其二，离婚时婚生子由哪一方抚养，应从有利于子女的身心健康、保障子女的合法权益出发，结合双方的抚养能力和抚养条件等具体情况妥善解决。可见，判断的主要出发点是保障未成年子女的利益，即“未成年人最大利益原则”。

典型意义

本案具有典型的实务指导意义。在司法实践中，关于子女抚养权的判决，《民法典》第1084条第3款已提供了具体的判决依据,即“离婚后,不满两周岁的子女,以由母亲直接抚养为原则。已满两周岁的子女,父母双方对抚养问题协议不成的,由人民法院根据双方的具体情况,按照最有利于未成年子女的原则判决。子女已满八周岁的,应当尊重其真实意愿。”本案中在两婚生子均已年满八周岁,且都明确表示愿随李某共同生活的前提下,若严格按照《民法典》第1084条的规定,二审改判的可能性微乎其微,于是笔者巧妙地利用“未成年人最大利益原则”,且从未成年人年龄、长远利益、智力发展所需条件等几个方面详细剖析如何才能更好地实现本案中的“未成年人最大利益原则”,打动了二审法官,从而实现了二审改判的目的。

本案并没有完全按照已年满八周岁子女的意愿来判决抚养权的归属,可以看出司法实践并非拘泥于法律条文本身的字眼,还应充分理解法律条文背后隐藏的“公平与正义”,更应相信法律条文也充满着“人性光辉”的一面。

律师点评

离婚案件中关于子女抚养权问题的法律规定主要有:《民法典》第1084条及《最高人民法院关于适用〈中华人民共和国民法典〉婚姻家庭编的解释(一)》第44条、第45条、第46条、第47条、第48条;《未成年人保护法》第24条。另有部分省市的相关司法实践规定,如《广东省高级人民法院家事案件审理规程(试行)》第28条、第36条。对于前述法律规定的适用,在实务中重点是提供相应的证据以证明我方符合取得子女抚养权的条件,或提供证据证明对方不适合携带抚养子女的事实。

对于两周岁以下的子女,《民法典》明确规定判由母方抚养为原则,除非母方有不适合抚养的情形。对于此,父方需要举证证明母方不适合抚养子女的法定情形,例如,提供母亲患有久治不愈的传染性疾病或者其他严重疾病的证明材料,如母方患有肺结核、艾滋病、慢性堵塞性肺疾病、支气管哮喘、乙肝、急性肝炎等疾病;或提供母亲有条件但对子女不尽抚养义务的证明材料,如母亲有条件亲自照顾子女却将子女送给他人照顾,母亲有条件给予子女较好的教育、医疗条件却置子女于不顾等情形;或提供其他证据以证明母亲不适宜抚养子女，如母亲存在虐待子女、遗弃子女、家暴子女或其他伤害子女身心健康的行为等。

对于两周岁以上且不满八周岁的子女，法院判决时会综合考虑父母双方的学历、性格、生活习惯、工作性质、收入多少、有无过错、日常照顾陪伴子女、有无涉刑或其他违法情形、(外)祖父母单独照顾孩子等实际情况，结合子女最大利益原则判决。故笔者建议在争取子女抚养权时，需要提供多种证据以证实我方具备抚养子女的优势条件，如提供高学历证明、学位证明、各类资质证书、稳定的工作证明、良好的收入证明、日常陪伴照顾子女的证明、(外)祖父母愿意协助抚养子女的证明书。同时，在事实的基础上，提供对方不利于携带抚养子女的证明材料，如对方有吸烟、酗酒、赌博、嫖娼、婚外情等情形的证明材料，对方身患传染性疾病、身体状况不佳的证明材料，对方曾打、骂孩子的证明材料，对方对孩子不管不顾的证明材料，对方父母身体状况不佳无法协助对方抚养照料子女的证明材料，等等。

对于年满八周岁及以上的子女，法院会充分尊重孩子的意愿，但并不代表没有例外情形。本案便十分具有借鉴意义。所以，针对年满八周岁及以上的子女，需结合案件实际情况采取不同的诉讼策略。如与子女建立良好的情感连接，包括与子女共同生活、照顾其日常生活饮食起居、关心子女学习及身心健康、亲子旅游活动、亲子学习等，切实站在有利于子女的角度，维护子女的各方面合法利益。如子女表达愿意跟随我方生活，则需向法院提交子女亲笔签名的意愿书，同时还可提交(外)祖父母愿意协助抚养子女的证明书、(外)祖父母的经济条件等辅助性证明材料。

律师简介

易美玲律师，北京市盈科(广州)律师事务所股权高级合伙人、婚姻家事法律事务部主任、盈科粤港澳大湾区家族财富管理专业委员会副主任、高级婚姻家庭咨询师、心理咨询师(高级)，擅长且专注于婚姻、继承、遗嘱、信托等家事诉讼与非诉讼法律服务。

朱庆升律师，北京市盈科（广州）律师事务所合伙人、股权投资与并购重组法律事务部副主任、广州市律师协会第九届政府投融资专业委员、湛江仲裁委员会仲裁员，具有基金从业资格。主要执业领域：股权（设计、激励、诉讼）、公司法律事务、投融资及建设工程纠纷处理等。

离婚协议中的房屋权属约定能否排除强制执行

——解读赵某与阿勒泰农商银行、李某案外人执行异议之诉案

张　瑜

案情简介

赵某与李某于1985年8月17日在乌鲁木齐市民政局登记结婚，房产证乌房权证×××字第×××号项下的房产登记在赵某名下，该房产自建于1982年，于2000年取得房产证书。2015年8月4日李某与赵某在民政局婚姻登记处协议离婚。赵某与李某在离婚协议书中约定“夫妻婚后位于乌市××栋房产离婚后产权归赵某所有”；同时约定“双方在婚姻关系存续期间没有发生任何共同债权债务，任何一方如对外享有债权或负有债务，均由自己享有或承担，另一方不承担责任”。

因阿勒泰市×××合作社与张某、程某、邓某、卢某、黄某、李某、新疆福海×××公司金融借款合同纠纷一案，阿勒泰市×××合作社申请执行，2019年1月29日阿勒泰市人民法院作出执行裁定书，裁定“查封李某共有的、所有权证号为×××登记在赵某名下位于乌鲁木齐市××区的房产及相应的土地使用权”，查封期限3年。2019年3月赵某向阿勒泰市人民法院提出执行异议，阿勒泰市人民法院于2019年3月15日依法裁定驳回赵某的异议。

2019年7月4日赵某向阿勒泰市人民法院提起案外人执行异议之诉，诉讼请求：(1)请求阿勒泰市人民法院中止对原告赵某位于乌鲁木齐市××区住宅财产的执行；(2)请求法院解除对原告位于乌鲁木齐市××区住

宅财产的查封;(3)本案诉讼费、邮寄费全部由被告承担。

阿勒泰市人民法院经公开审理后作出如下判决:驳回赵某的诉讼请求。案件受理费100元,由赵某负担;公告费710元,由新疆阿勒泰农村商业银行股份有限公司(以下简称阿勒泰农商银行)负担。

原告赵某不服该判决,向新疆维吾尔自治区伊犁哈萨克自治州阿勒泰地区中级人民法院提起上诉。

律师策略

本案的争议焦点是案外人赵某对案涉房产是否享有足以排除强制执行的民事权益,即离婚协议中的不动产权属约定是否足以排除强制执行。为此,需要论证以下四个问题:

第一,案外人赵某是否属于被执行人。本案李某承担的保证债务虽形成于其与赵某婚姻关系存续期间,但债权人不能证明该债务用于夫妻共同生活、共同生产经营或者基于夫妻共同意思表示。《最高人民法院民一庭关于夫妻一方对外担保之债能否认定为夫妻共同债务的复函》([2015]民一他字第9号)明确,夫妻一方对外担保之债不应当认定为夫妻共同债务,故案涉债务宜认定为李某的个人债务,不是夫妻共同债务。案外人赵某并不属于执行案件中生效判决书确定的被执行人。

第二,执行的案涉房产是否属于被执行人李某的财产范围。案涉房产虽为赵某与李某婚姻关系存续期间的夫妻共同财产,但该房产自2002年8月起一直登记在赵某名下,且双方在登记备案的离婚协议中已约定案涉房产归赵某所有,该约定系夫妻双方对共有财产进行自主处分的合法行为。案涉房产一经法定登记即产生物权效力,案涉房产的所有权自双方协议并登记离婚之日起归赵某个人所有,并受法律保护,不应以赵某的个人财产为李某的个人债务承担清偿责任。

第三,案外人赵某对案涉房屋享有的所有权是否存在权利瑕疵。对于赵某与李某的离婚及财产分配是否存在恶意串通以逃避债务的可能性问题,可以从以下几个方面进行论证：(1)对于财产部分的约定不存在将夫妻共同财产明显偏向一方以逃避债务的可能；(2)赵某与李某离婚在先，债权人阿勒泰农商银行起诉并申请法院查封案涉房产的时间在后，不存在借离婚协议处分财产逃避债务的主观恶意；(3)李某离婚后同他人登记结婚，进一步印证了赵某与李某的协议离婚行为以及对夫妻共同财产的分配方案系双方的真实意思表示，不存在假借离婚之名恶意串通逃避债务的可能性；(4)赵某对李某的个人债务并无应当知晓的义务。

第四，案外人赵某对案涉房屋的所有权与债权人阿勒泰农商银行的债权谁更具有优先性。依据无瑕疵的离婚协议和权属登记可见案外人赵某享有对案涉房产的所有权，债权人阿勒泰农商银行享有的是并未指向特定案涉房产的金钱债权。并且案外人赵某对案涉房产的所有权成立在前，债权人阿勒泰农商银行的债权成立在后。因此，赵某对案涉房产所享有的权利更加优先于阿勒泰农商银行所享有的金钱债权。

综上，可论证赵某主张的案涉房产系其个人财产，其对案涉房产享有足以排除强制执行的民事权益。

工作成果摘录

代理词（节选）

代理人认为，本案一审判决认定事实，以及适用法律等存在以下问题，需要二审法院予以重视：

一、本案一审判决适用法律错误，以说理替代判项驳回上诉人赵某的诉讼请求无法律依据

（一）赵某不是执行案件中判决书确定的被执行人，直接执行赵某名下的案涉房产无法律依据，违反执行法定主义原则

根据《最高人民法院关于人民法院办理执行异议和复议案件若干问题的

规定》(2015 年)第 25 条第 1 款第 1 项的规定,对于已登记的不动产,案外人是否为权利人要按照不动产登记簿判断。××号执行裁定书并未将赵某列为被执行人,赵某也并未书面确认案涉房屋属于被执行人李某,对于已登记的案涉房屋而言,是否是共有财产需要根据不动产登记簿进行判断,从而贯彻物权法定基本原则。一审判决仅以《最高人民法院关于人民法院民事执行中查封、扣押、冻结财产的规定》(2008 年)第 14 条[①]第 1 款为依据,片面认定法院的执行行为合法,并未适用第 14 条第 2、3 款的规定。一审中,赵某已经出示其与李某经过备案登记的离婚协议,协议中明确约定案涉房产归赵某单独所有,所以对于案涉房产,被执行人李某是否享有共有权这一问题至少是有待确定的,一审判决适用法律有明显错误,赵某名下的案涉房产不符合可以直接执行的案外人财产的法定情形。

并且,根据《最高人民法院关于人民法院民事执行中查封、扣押、冻结财产的规定》(2008 年)第 14 条第 3 款的规定,对于案涉房产,如债权人阿勒泰农商银行认为该房产属于赵某和李某的共有物,应当提起代位析产诉讼来明晰房产的权属问题。法院的查封行为阻断了赵某提起析产诉讼确认案涉房产是其个人财产的途径,所以在阿勒泰农商银行未提起代位析产诉讼确认案涉房产是否属于赵某、李某的共同财产前,应当根据登记备案的离婚协议和房屋所有权证认定案涉房产系赵某的个人财产。

(二)以说理代判项作为执行依据,无法律依据

判决主文是人民法院就当事人的诉讼请求作出的结论,而判决书中的"本院认为"部分,是人民法院就认定的案件事实和判决理由所作的叙述,其本身并不构成判项的内容。执行只能依据生效判决的主文,而"本院认为"部分不能作为执行依据。一审判决只是在"本院认为部分"将案涉房屋认定为李某与赵某共有的房产,以此说理内容作为执行依据,实则是把裁判说理混

---

① 现为《最高人民法院关于人民法院民事执行中查封、扣押、冻结财产的规定》(2020 年修正)第 12 条。

淆为确权判项，无法律依据。

直接执行案外人财产，属于对第三人合法权益产生重大影响的行为，除非有法律的特别规定，否则不得执行案外人财产。直接执行案外人赵某名下的房产严重侵犯了赵某的物权，同时严重违反“法无授权即禁止”以及执行法定原则，损害了物权公示公信原则。

二、一审判决认定“执行案外人赵某的案涉房屋”没有事实理由和法律依据

（一）本案李某承担的保证责任是个人债务，赵某并非裁定书所列被执行人

根据《最高人民法院民一庭关于夫妻一方对外担保之债能否认定为夫妻共同债务的复函》（[2015]民一他字第9号），夫妻一方对外担保之债不应当认定为夫妻共同债务。且××号执行裁定书并未将赵某列入被执行人，这是本案无法推翻的事实。

（二）案涉房产系赵某个人财产

根据一审审理过程中赵某出示的证据，案涉房屋为农村宅基地自建房，为1982年也即赵某与李某婚前所建。赵某是乌鲁木齐市××区农民，基于这种特殊身份才有资格申请宅基地并建房，具有物权公示效力的房屋所有权证上自始至终都是赵某的名字，备注为农户，权属性质是集体，并且案涉房产仅登记于赵某一个人名下，无其他共有人。案涉房产对内有离婚协议的约定归赵某个人所有，对外有房屋所有权证的权利外观，完全符合赵某个人财产的合法合理要件。

（三）赵某与李某的离婚协议合法有效并登记备案，无论对内、对外都能够发生效力

1. 赵某、李某双方无恶意串通。

从时间先后顺序上看，赵某与李某于2015年8月4日登记离婚并签订《离婚协议》，其中约定案涉房屋归赵某单独所有，阿勒泰农商银行于2016年

9月18日将李某、新疆福海×××公司诉至法院,阿勒泰地区中级人民法院于2017年4月17日作出终审判决,判决李某承担保证担保责任,后阿勒泰农商银行于2019年1月29日申请强制执行。可见,赵某与李某的离婚协议的财产分割行为早于阿勒泰农商银行提起诉讼,早于生效判决,更早于法院对案涉房产的查封扣押行为,该离婚协议并不存在恶意逃债的故意。

从是否存在"假离婚"的可能性来看,被执行人李某与赵某离婚后,与刘某登记结婚重新建立婚姻家庭关系,可以证实李某与赵某离婚确系夫妻感情已破裂,不存在"假离婚"的可能性。

2. 赵某和李某离婚未损害第三人利益。

从申请执行人阿勒泰农商银行一方的利益考量,离婚协议是否损害了申请执行人阿勒泰农商银行的利益,要追溯到协议签订之时的客观情况予以比较判断是否不合理地加重了李某无法承担保证责任的风险。既要维护债权人的合法权益,也要尊重民事主体的意思自治。一方面,就离婚协议的整体内容而言,并未将所有财产或大部分财产归于一方单独所有,其中约定了股权和车辆均归李某所有,并且共同债务共同偿还、个人债务个人负担的约定也符合法律规定,合法合理,并无不妥。另一方面,就离婚协议中关于案涉房屋的这一部分内容而言,具有物权公示效力的房屋所有权证上自始至终记载的所有权人都是赵某,无其他共有人,根据物权的公示公信原则,赵某对该房产享有独占性的所有权。作为保证合同的当事人,李某承担的是保证责任,阿勒泰农商银行作为具有一定规模的商业银行,只要稍微尽到审慎的注意义务,就会发现案涉房屋的所有权人并非李某。然而阿勒泰农商银行仍选择李某作为保证人,说明阿勒泰农商银行对李某的信赖利益并非因案涉房屋而产生,否则,阿勒泰农商银行大可以和李某签订抵押合同,享有担保物权,而非仅享有普通的金钱债权。案涉房屋实质上已经因赵某和李某的离婚协议而不再属于李某与赵某的夫妻共同财产。

离婚协议是否能对抗申请执行人,应当以申请执行人的债权利益是否实际受到损害为审查重点。如果离婚协议对共有财产的分割相对均等，债务人的责任财产并未因离婚对共有财产的分割而明显减少，则可视为申请执行人可实现的债权利益并未实际受到损害，应当本着追求实质正义的精神，尊重夫妻之间的真实意思表示，尊重夫妻双方享有的分割财产的法定权利和自由。

综上，赵某与李某的离婚协议并不存在恶意串通、损害第三人利益的可能，李某无法承担保证责任属于正常的商业风险，作为平等的民事主体，申请执行人阿勒泰农商银行没有特权无视民法意思自治的基本原则、物权公示公信原则，而突破债务人李某的个人财产范围，觊觎他人的合法财产。

3. 案涉房产自始至终登记在赵某名下，赵某无过错。

离婚协议约定案涉房产归赵某所有仅再一次重复、强调了权属证明的内容，由于所有权人从未发生变动，离婚协议对于该房产的分割也就缺乏变更登记的必要性。无论李某是否签订保证合同，赵某对该房屋的所有权一直是未经变更的、真实的、持续的、稳定的且有公示力的，没有实际权利人与登记人不一致的情形，自然不会影响第三人的合理信赖，无过错可言。

以上三点，能够说明赵某与李某的离婚协议合法有效。在没有其他证据证明离婚协议存在效力瑕疵时，根据物权公示公信原则，应当推定离婚协议对于案涉房产的分割不仅对内有效，对申请执行人阿勒泰农商银行也能够产生效力。一审法院直接推定出离婚协议对外不发生效力的结论，无视法律规定，且缺乏证据，毫无逻辑。

三、一审判决有违法理，严重背离同案同判，显失公平公正

（一）一审判决违背“物权优于债权”这一基本法理

在排除执行的问题上，最高人民法院第一巡回法庭主审法官王毓莹于2020年发表在《人民司法》上的《案外人执行异议之诉的裁判要点》一文中指出，“执行异议之诉涉及权利义务关系相对复杂，对同一执行标的物上所涉不同权利的识别难度较大，金钱债权与民事权利、实体权利与程序权利相互交织。根据民法的基本原则，可以确定物权优先于债权、法律规定的特殊债权

优先于普通债权的原则处理同一标的物上产生的权利冲突”。具体到本案中,从两种请求权的性质和内容来看,赵某享有的是案涉房产完整的无权利瑕疵的物权,而阿勒泰农商银行享有的是针对李某的普通的金钱债权,在性质和内容上都不具有优先性,一审判决违反“物权优于债权”这一民法基本原则。

(二)一审判决未考虑社会稳定因素,显失公平公正

夫妻双方的离婚协议,往往基于双方之间权利义务的统筹安排,有关财产的分割也往往涉及其他有关义务的承担,另外还包含了情感补偿、子女抚养以及对一方生存能力等因素的考量,此类离婚财产分割协议,如无明显的不正当目的,亦未严重损害相关利害关系人的合法权益,则既为法律所允许,也为风俗所提倡。

赵某与李某离婚时对财产的分割,已经过五年有余,李某也已再婚三年有余,双方各自已经形成了比较稳定的社会关系,不宜轻易打破这种稳定的社会关系,推翻原有的合理的财产分配方案。如按照一审判决的逻辑,将离婚协议对于财产分割的效力问题“一刀切”,统统直接认定对第三人不发生效力,将会剥夺和妨碍个人处分自己财产的合法权利,也不利于纠纷解决。认定物权权利人的依据、认定离婚协议效力不再依据法律规定也不再关注协议内容本身,而是要根据是否有未得到清偿的债权人存在来决定,实属荒谬。

(三)一审判决严重背离“同案同判”裁判要求,赵某与李某的离婚协议足以对抗强制执行

2019 年发布的《江苏省高级人民法院执行异议及执行异议之诉案件审理指南(二)》在“八、案外人基于不动产共有关系提起的执行异议之诉案件的处理”中第 27 条规定:“执行依据确定的债务人为夫妻一方,被执行人在案涉房产查封前已经协议离婚,约定被查封房产归另一方所有,被执行人原配偶提起执行异议及异议之诉的,区分下列情形处理:(1)案涉房产已经过户登记到被执行人原配偶名下,被执行人原配偶因此提起案外人执行异议之诉,请求

排除执行的，如果离婚财产协议分割行为发生在执行依据诉讼或仲裁之前，或者发生在执行依据所确定的债务形成之前的，应予支持……”该规定内容完全契合本案案情，为贯彻同案同判，请法院予以采纳。

综上，一审法院适用法律、认定事实错误，为维护上诉人的合法权益，请求二审法院依法公正裁判。

案件结果

本案二审法院裁定撤销一审判决，并判决解除对房屋所有权证号为乌房权证×××字第×××号登记在上诉人赵某名下的位于乌鲁木齐市××区的房产及所对应的土地使用权的查封，委托人赵某的合法权益得到了维护。

典型意义

对于离婚协议是否具有排除强制执行力这一问题，司法实践中存在较大争议。笔者通过检索法律法规和深入分析类似案例，论证了在离婚协议合法有效的情形下，案涉房产乃属于赵某的个人财产，法院直接将案涉房产认定为被执行人与他人共有的房产进行查封，缺乏事实和法律依据。本案是案外人执行异议之诉的典型案件，对保护案外人合法权益、确保案件处理结果公平公正具有重要意义，并对今后同类案件的处理具有指导意义。

律师点评

根据《最高人民法院关于适用〈中华人民共和国民事诉讼法〉的解释》第303条的规定，案外人提起执行异议之诉，除符合《民事诉讼法》第122条的规定外，还应具备：(1)案外人的执行异议申请已经被人民法院裁定驳回；(2)有明确的排除对执行标的执行的诉讼请求，且诉讼请求与原判决、裁定无关；(3)自执行异议裁定送达之日起15日内提起的条件。本案在起诉前已完成执行异议程序，完全符合提起诉讼的条件。

通过对相关法律和案例的检索可以得出,离婚协议对房屋权属的约定能够排除强制执行必须满足以下条件:(1)申请执行的债权为没有担保不具备优先地位的普通金钱债权;(2)离婚协议的签订应早于执行债权的产生且协议本身合法有效;(3)案外人对未办理产权变更登记不存在过错,在人民法院查封前约定权利人已经占有该不动产;(4)应排除通过离婚房产分割协议逃避债务履行的可能。

律师简介

张瑜律师,新疆大学法学学士,北京盈科(乌鲁木齐)律师事务所股权合伙人,三级律师,担任北京盈科(乌鲁木齐)律师事务所婚姻家事与财富传承法律事务部主任、乌鲁木齐市律师协会婚姻家事与财富管理法律专业委员会副主任、新疆维吾尔自治区律师协会婚姻与家庭财富传承专业委员会主任、全国律师协会婚姻家庭法专业委员会委员、乌鲁木齐市人民检察院人民监督员。

从事律师工作数十年,办理了大量的诉讼和非诉讼法律事务,以及多起刑事案件。曾担任新疆天风发电股份有限公司、新疆麦趣尔集团有限责任公司、新疆副食集团有限责任公司、新疆英派生物科技有限公司、新疆小金牛食品有限公司、新疆老炒房食品有限公司、乌鲁木齐市第120小学等数家单位的法律顾问,积累了丰富的企业法律顾问工作经验。

一桩充满了亲情纠结的离婚纠纷

——中年女性离婚的底气，来自儿子的支持

孙　芳

在离婚率越来越高的今天,“离婚”已不是新鲜事,对于当下的年轻人来说更是见怪不怪。虽然我们常听到“谁离开谁都能过,婚姻里两个人过得不幸福,还不如一个人过”的说法,但离婚对史某某来说,不只是两个人的事。

史某某是一位 58 岁的环卫工人,已独身一人生活了 13 年。儿子赵某乙虽已成家,但仍需依靠父亲赵某甲的帮助来发展自己的事业。一想到自己只是一名收入微薄的环卫工人,如果离婚,儿子会很为难,加上丈夫赵某甲常年家暴和强势性格,史某某在离婚这件事上犹豫了。

人生充满很多的不期而遇。那天,父亲去车站接我,在等我的过程中,正好赶上史某某打扫卫生。父亲是个热心人,帮史某某捡起了路边的垃圾;史某某很感动,觉得父亲是个善良人,便和父亲唠起了家常。父亲得知史某某的遭遇,善心大发,便说道,“我女儿是律师,肯定能帮你”。我刚出站,便看到史某某和父亲一起“迎接”我,听父亲说明情况后,我建议史某某带上她的儿子一同来见我们。

2019 年的一天下午,史某某带着儿子如约来到律所。

案情简介

20世纪80年代末,史某某与赵某甲经人介绍相识,并于1990年5月20日办理结婚登记,1991年4月生育儿子赵某乙。

赵某甲早年丧母,认识史某某时家里很穷;史某某心地善良,不看重对方家境。两人为了有个安稳的家,便匆匆结婚。婚后赵某甲去外地学医,4年学医的全部开支几乎都是由史某某负担。

赵某甲学成回来后自己开了一个诊所,史某某也一心一意帮赵某甲经营诊所;为了多挣钱,史某某还抽空销售其他东西。在史某某的帮助下,诊所的经营状况越来越好,而原本应该越来越幸福的家庭却发生了转折。

由于之前两人没有长期共同生活,史某某并未发现赵某甲的异常。两人长期生活在一起后,赵某甲经常一不顺心就殴打史某某,导致史某某大小伤不断。为了孩子有个完整的家庭,史某某多次选择忍气吞声,但没想到史某某的处处忍让非但没有使赵某甲有任何改变,反而变本加厉,并与异性假某某长期保持不正当关系。

2006年,赵某甲与异性假某某开始了同居生活。截至2019年,赵某甲与假某某同居已长达13年,两人还领养了一个女儿。

本案代理过程中遇到的困难及律师策略

一、史某某离婚存在顾虑

(一)离婚可能会让赵某甲不再愿意帮助儿子的事业

对于离婚,史某某的态度是肯定的。但让史某某无比纠结的原因在于:儿子赵某乙也在社区开诊所,但因赵某乙从医经验不足,需要小有名气的赵某甲经常到诊所坐诊,以更好地维持诊所经营。赵某乙结婚的时候,赵某甲给予了不少金钱上的支持。而史某某只是一名环卫工人,收入微薄,离婚后没有能力从经济上帮助儿子。

(二)分别沟通了解真相

了解了上述问题后,律师单独与赵某乙进行了沟通。赵某乙对于史某某和赵某甲离婚是不反对的。多年来,赵某乙目睹了母亲的遭遇,很心疼母亲,但自己目前还没有能力说服父亲赵某甲，也很无奈。同时，赵某甲很强势，赵某乙也担心要是自己以不恰当的沟通方式激怒了赵某甲，会再次伤害自己的母亲。一边是母亲，一边是父亲，赵某乙觉得自己对哪一边都有无法割舍的感情，也不愿意伤害父母任何一方。

在交谈中律师感受到赵某乙和史某某都是非常善良的人，且史某某确实经济拮据。因此律师表明自己的态度，愿意给史某某提供免费的法律援助。

二、对于赵某甲的婚内过错行为（家暴和与他人同居）史某某没有实质证据，对于赵某甲的婚内收入史某某也一无所知

（一）关键证人赵某乙的证人证言

赵某甲对史某某实施家暴的行为以及赵某甲与婚外异性多年同居的情况，史某某手里没有实质性的证据。但赵某乙作为家庭中的一员，从小目睹了赵某甲对史某某的多次家暴，其作为亲历者向律师表达了家暴给母亲史某某和自己带来身体、心灵上的双重伤害。同时，赵某甲与异性违背公序良俗的多年同居行为让赵某乙很气愤也很痛苦，赵某乙懊恼其没能力改变现状。

鉴于赵某乙对这些情况非常了解，因此他的证人证言在本案中异常关键。但赵某乙内心是极度痛苦和无奈的，他认为如果出面为母亲作证势必会伤害父亲，这是他不愿看到的。

（二）律师解心结

律师告诉赵某乙，他已经成家立业，应该有评判善恶、好坏的原则和判断能力。律师非常了解他作为子女的纠结，不愿意伤害史某某和赵某甲中的任何一个人；但是如实向法庭陈述史某某和赵某甲多年来婚姻的真实情况，能让法院有个公平的判决，帮助父母早日走出这段不堪的婚姻。

经过深入交谈，赵某乙认识到了自己有能力且有义务为母亲的遭遇作证并还原事实真相，并且可以在不伤害父亲的前提下完成配合。如果赵某甲愿意调解，赵某乙也会与父亲好好沟通，尽力说服赵某甲对给母亲这么多

年造成的伤害给予一定的补偿和赔偿,以调解的方式结束父母的这段婚姻和恩怨。

有了儿子赵某乙的支持,史某某也放下了心里的顾虑,有了底气。泣不成声成了那一刻唯一能表达史某某心情的方式。

三、结婚证存瑕疵,律师指导调证化难题

(一)史某某提供的结婚证破损、关键信息缺失

律师整理相关材料时发现:史某某提供的结婚证原件破损严重,且结婚证上赵某甲的名字和赵某甲身份证上的名字不一致,结婚证上也没有双方的身份证号码。史某某解释称赵某甲此前把结婚证撕了,史某某从垃圾桶里捡起来又粘贴到一起。律师告知史某某可以去办理结婚登记的民政局开具一份结婚登记证明。民政局告知,当时他们结婚登记时只是手写材料,至今没录入电脑,因此结婚档案也找不到了,无法开具结婚登记证明。

(二)律师指导史某某调取到十几年前的案卷材料,以此补齐结婚登记相关信息

经过与史某某详细沟通,了解到赵某甲在 2006 年 7 月以离婚纠纷起诉过她,她 2006 年 12 月又以离婚纠纷起诉了赵某甲,但是两个案子都撤诉了。有了这个关键信息,律师指导史某某去法院调取了当年的案卷,补齐离婚纠纷材料成功立案。

立案后,律师一直积极推进案件诉讼进展,与史某某、赵某乙及法官积极沟通,并向人民法院申请调查令调取了相关关键性证据。

工作成果摘录

庭审时,原告方提交了双方前两次起诉离婚的档案材料,证明双方感情破裂,请求人民法院判决离婚。在财产分割方面,通过调取被告名下房产、车辆等材料,为原告争取了财产利益。在家暴赔偿方面,双方儿子作为证人出庭,证实被告对原告的家暴行为,最终为原告争取到了精神抚慰金。

案件结果

本案一审法院认定史某某与赵某甲夫妻感情确已破裂，准予离婚。关于共同财产，双方婚内购买的一套居家式老年公寓楼房尚未取得房屋所有权证，本着照顾女方利益的原则，加之赵某甲婚内出轨并与他人非法同居多年存在过错，故离婚后上述房屋由史某某居住使用，待取得房屋所有权证后，双方如有争议，可另行解决。赵某甲名下的别克牌小型汽车，双方均认可现价值为 7 万元，本着便利原则，该车归赵某甲所有，赵某甲给付史某某车辆折价款 4 万元。赵某甲银行卡余额共计 20,919.23 元，同样由于赵某甲有过错，但因赵某甲患病需要治疗，给其留有少部分即 9919.23 元，赵某甲给付史某某 11,000 元。对于史某某要求赵某甲因家庭暴力及婚外情而支付其精神抚慰金 10 万元的请求，赵某甲自认有家暴行为及婚外情事实，但因赵某甲身患疾病需要治疗，故酌情给付史某某精神抚慰金 10,000 元。

典型意义

本案经过人民法院审理，史某某、赵某甲、赵某乙三人心里多年压抑的情感都得到了释放，史某某也对判决结果很满意。

史某某作为一名中年女性，虽然收入微薄，但是非分明，没有选择继续隐忍与赵某甲保持畸形的婚姻关系，在解决后顾之忧后，敢于拿起法律的武器维护自己的权利，值得欣慰。同时，离婚对赵某甲而言也是一个解脱。

本案中，儿子赵某乙起初的难以抉择，充满了子女对父母的尊重、爱和感恩。百善孝为先，赵某乙敢于站出来配合还原案件事实，是需要极大勇气的。赵某乙没有为了金钱和权威而偏袒赵某甲，案件结束后赵某乙坦言今后要靠自己的努力赚钱，做一名有医德、有爱心、敢担当的人民医生。整个案件下来明显感觉到了赵某乙的成长，其对父母将来的生活也作了很好的规划。

律师简介

孙芳律师，北京市盈科（呼和浩特）律师事务所高级合伙人律师、婚姻家事与家族企业法律事务部主任、女工委主任、监事会监事。社会职务：内蒙古自治区呼和浩特市律师协会建设工程与房地产委员会委员、内蒙古经济调解中心人民调解员、内蒙古自治区团委公益讲座团讲师、呼和浩特市妇女联合会“老无忧”项目主讲人、鸿德文理学院特邀兼职教授、内蒙古自治区人民医院附属卫校特邀讲师。

"AA制"夫妻共同还贷及增值部分的离婚财产分割问题研究

——解读崔某诉刘某离婚纠纷案

王　旭　王燕杰

案情简介

崔某和刘某经人介绍，于2015年5月20日登记结婚。崔某是某医院的护士，刘某为某企业职工，双方都有稳定的工作及收入。刘某一直认为夫妻之间应"AA制"生活，所以从不给妻子转钱，生活也异常节俭。平时逛超市选购物品时，会非常留意价格变化，甚至关注到小数点，对金钱非常在意。

2020年6月崔某怀孕期间，由于刘某对崔某缺乏关心与照顾，崔某难以忍受便搬回娘家居住。2021年1月24日，崔某生下女儿。生产后，崔某与自己母亲共同照料女儿，刘某及家人偶尔前往探望。因崔某将孩子出生时亲人给的礼金取出被刘某发现，刘某及家人到崔某家讨"说法"，双方发生激烈争执。一怒之下，崔某于2021年11月向法院起诉离婚。

考虑到孩子年幼，双方并无原则性矛盾，刘某也并非完全同意离婚，法院判决双方不准离婚。此后，在双方分居期间，刘某按每月1500元的标准支付了9个月的抚养费。崔某作为某医院的护士，在新冠疫情期间一边响应国家号召奋战在抗疫的第一线，一边照顾家里年幼的女儿，身心备受煎熬。

刘某及家人虽然偶有探望，但双方矛盾并未得到缓解，双方关系无法缓和甚至持续恶化，夫妻感情彻底破裂。崔某第二次起诉离婚时请求法院判决：双方离婚；婚生女由崔某抚养，刘某每月支付2000元抚养费；依法分割夫妻共同财产；刘某给付崔某离婚补偿金50,000元。

诉讼中，双方均同意离婚，但刘某就财产分割问题与女儿抚养问题表示出决不妥协的态度。对于婚前购买的房屋，刘某表示婚后该房屋按揭贷款一直由其父母偿还，与崔某没有任何关系。同时对于崔某指责其未对女儿尽抚养义务的相关事实，刘某提供相关购物小票等材料证明自己对女儿履行了抚养义务。对于女儿的抚养权，刘某表示如果离婚自己是一定要争取的，不然女儿长大会误解父亲不爱她。崔某则表示，虽然结婚时刘某父母答应过由他们偿还贷款，但是刘某一家从没有拿自己当一家人，刘某从不把工资交给她保管，因此她怀疑贷款实际就是由刘某自己偿还的，要求依法分割该房屋。双方就女儿抚养权以及房屋、存款、公积金、社保等财产分割问题争执不下。

律师策略

崔某委托后，坚定地表示要离婚、争取女儿的抚养权、分割房屋共同还贷部分及对应增值部分和其他财产。律师通过多次会谈及证据梳理，了解到崔某的主要诉求在于孩子抚养权归属和夫妻共同财产分割问题。

因此，律师整理本案的主要争议焦点有两个：一是离婚纠纷中夫妻双方实际实行"AA制"下的房屋分割问题。二是子女抚养权争议。

（一）关于本案子女抚养权问题

律师认为，根据《民法典》第1084条以及《最高人民法院关于适用〈中华人民共和国民法典〉婚姻家庭编的解释（一）》第44条之规定，不满2周岁的子女以由母亲直接抚养为原则。另外，确定抚养权归属哪一方的重点应从保护未成年子女的利益、有利于未成年子女的身心健康发展出发综合考量。崔某的婚生女儿不满2周岁，且一直跟随崔某生活，对崔某一方的家庭环境氛围比较熟悉。同时，女孩在成长过程中一般来说更依赖母亲，愿意向母亲倾诉，崔某要求获得女儿抚养权的诉求法院大概率会予以支持。

（二）关于本案夫妻共同财产分割问题

律师认为，该案的夫妻共同财产分割问题，最重要的一点是如何让法院认定案涉房屋婚内还贷部分应作为夫妻共同财产予以分割。一旦法院确定婚后偿还按揭贷款的款项主要源于刘某的个人收入，那么共同还贷部分及相应增值部分应当作为夫妻共同财产进行分割，这样处理更有利于维护委托人崔某的利益。所以，律师在处理本案的过程中，着重处理双方争议点最大的房贷问题，通过向崔某询问、调取还款记录、查询银行流水等工作，确立本案基本的证据链。

律师通过调取涉及房屋还贷的相关银行流水证据后查明，截至 2022 年 6 月，案涉房屋婚内还贷金额为 333,565.75 元，每个月还款金额均为 3618.21 元。同时，律师向法院申请房产价值评估，评估报告反映崔某和刘某结婚时，案涉房屋价值为 751,381 元（单价为 5533 元），现价值为 1,118,585 元，有大幅增值。

根据本案所在地区中级人民法院的诸多类案生效判决，律师计算出初步的房屋补偿款 =（首付 + 共同还贷本金及利息 + 房屋增值部分）×50%，即（0 +333,565.75 +367,204）×50% =350,384.9 元。同时，律师向法院调取了刘某的社会保险个人参保缴费证明和公积金缴纳明细。此后，刘某提交收据、个人贷款支付凭证、公证书及刘某与刘某父亲的银行交易明细辩称房屋贷款是由自己父母偿还，房屋的共同贷款人为刘某的父母。

律师通过对刘某提供证据的分析，认为不能证明刘某的父母是还款人。刘某与其父亲的部分交易明细与本案还贷事实不具备关联性，不能证明房贷是由刘某的父亲偿还。最终一审法院认定，2017 年 7 月至 2021 年 8 月仅有 28 笔交易发生时间相同、交易的银行网点相同，都是刘某父亲账户取现，刘某还贷账户现金存款。可以推定当时刘某还款账户存入的款项系刘某父亲取现的款项，即上述交易涉及的还贷款项系刘某父亲支付。其中有部分交易刘某父亲取现的金额少于刘某还贷账户现金存入金额，该部分交易按照刘某父亲取现的实际金额确定还贷的情况。经计算，属于崔某和刘某共同还贷的本金部分为 191,474.69 元，共同偿还的贷款利息为 95,402.32 元。一审法院经审理认定，刘某应向崔某补偿共同还贷部分及房屋增值部分共计 119,671.68 元。委托人崔某的诉求获得了支持，当事人的合法利益得到了维护。

工作成果摘录

质证意见（节选）

一、关于收据、个人贷款支付凭证的质证意见

对于首付款是刘某支付无异议，我方也并不主张分割首付款。通过个人贷款支付凭证来看，贷款账号尾号为3078。

二、关于公证书的质证意见

公证书的签订日期为2013年5月16日，该公证书仅为协议内容，只能说明借款人为刘某、刘某父亲、刘某母亲，并不能证明履行事实，不能证明刘某父母是还款人。且刘某为房屋购买人、房屋实际使用人，刘某实际履行了该份还款协议，与分割夫妻共同还贷部分不具备关联性。

三、关于建设银行交易明细的质证意见

（一）从与还贷账户的关联性来看，无法证明被告提供的其尾号为9691的建设银行账户为偿还房屋贷款账户，原告提供的还贷流水及被告提供的个人贷款支付凭证均证明还贷账号尾号为3078，尾号为9691的账户与还贷并无关联性。

（二）被告刘某提供的尾号为9691的账户起始日期为2015年5月21日，其父亲尾号为8500的账户明细起始日期为2017年7月21日，原、被告双方结婚日期为2015年5月20日，以上期间并不涵盖整个婚姻关系存续期间。

（三）从刘某的交易明细来看，并没有显示存款人的姓名，不能证明存款人是其父亲。

（四）从双方的交易日期来看，刘某的存款日期与刘某父亲的取款日期不符。

（五）从双方的存取款金额来看，刘某存款金额与刘某父亲的取款金额不符。

（六）从存取款用途来看，刘某父亲的取款金额与还贷金额、还贷日期均

不相符，该证据并没有关于任何取款用途的记载。

综合以上意见，双方的交易明细与本案还贷事实不具备关联性，被告的举证不能证明该房屋贷款是由被告父亲偿还的。结合原告的举证，刘某本人完全具备偿还贷款的能力，房屋贷款是从刘某本人尾号为3078的账户直接扣划，实际还款人是刘某本人。

四、关于建设银行客户通知书的质证意见

建设银行尾号为4197的账户于2022年7月11日及尾号为6670的账户于2022年6月7日的柜员机通知书与本案没有关联，详细质证意见同交易明细。

建设银行尾号为6636的账户于2022年8月9日的柜员机通知书与本案没有关联，无法证明具体存款人。

五、关于中国银行交易明细的质证意见

根据被告提供的中国银行交易明细可以证明，自2015年5月20日起，被告每月均通过ATM支取现金，且根据明细载明的取款地有建设银行，该笔金额足以偿还房屋贷款。

案件结果

本案一审法院判决准予崔某和刘某离婚；婚生女儿由母亲崔某抚养，刘某自2023年4月起每月支付抚养费1700元至女儿独立生活为止；刘某享有探视权（每周一次）；房屋归刘某所有，剩余房贷由刘某承担，刘某补偿崔某共同还贷部分及房屋增值部分共计119,671.68元；地下车位使用权由刘某享有，补偿崔某32,500元；崔某在结婚后分居前取得的公积金39,095.86元归崔某所有，崔某退还刘某19,547.93元；崔某退还刘某在结婚后分居前个人缴纳的养老保险费13,860元；刘某在结婚后分居前取得的公积金89,065.14元归刘某所有，刘某退还崔某44,532.57元；刘某退还崔某在结婚后分居前个人缴纳的养老保险费15,437.5元；共同存款40,584.2元归崔某所有。本案判决后被告刘某并未提起上诉,一审判决已生效。委托人崔某的权益最终得到了完美的维护。

典型意义

夫妻共同财产制度是《民法典》中的一项重要内容。这一制度充分体现了夫妻平等、共同、共享的原则,对于维护家庭和谐,促进社会公平有着重要的作用。在没有婚内财产约定的情况下,个人认为的"AA 制",无法对抗法律规定的夫妻共同财产制度。《民法典》关于夫妻共同财产的规定,从第 1062 条开始体现。其中最为核心的规定是夫妻在婚姻关系存续期间所取得的财产属于夫妻共同财产,包括但不限于工资、奖金、生产的收益、经营的收益、知识产权的收益、财产性收入以及由此等收入购置的财产等。这一条款明确规定,夫妻双方都有平等的权利享有和处理这些共同财产。本案说明,无论财产是由哪一方创造或获取,只要是在婚姻期间获得的,都应视为夫妻共同财产。这也体现了《民法典》对夫妻财产权利的平等保障,无论双方劳动能力、财产收入是否悬殊,夫妻双方在财产上都享有平等的权利。

然而,在实际操作中,判断哪些财产属于夫妻共同财产可能存在诸多困难,特别是在涉及投资、股权、遗产、赠与、债权债务等复杂财产形态时。其中,对夫妻共同财产进行准确的价值评估也是一个关键步骤。如果财产涉及房产、汽车、股票、债券等,可能需要专业的评估机构进行估值。此外,如何分割共同财产也是一个难点。

理想情况下,夫妻双方可以达成协议,自行决定财产的分割方式;如果双方争议过大不能达成协议,可能需要法院进行裁决。此时,法院会综合考虑双方的贡献、需求以及子女的抚养问题等因素,公正裁量。因此,本案属于一方坚持"AA 制"并涉及该方父母参与还贷的情况,对于今后同类案件处理具有较大的参考意义。

律师点评

对于离婚纠纷中夫妻共同财产分割问题的处理,从有关法律适用的角度看,主要集中在《民法典》第 1062 条至第 1066 条,这些条款对于夫妻共同财产的界定、分割方式以及权益保护等方面进行了明确的规定。在具体的案件处理过程中，律师建议全方位地审视婚姻关系存续期间双方所获得的所有财产：不仅包括工资、奖金、生产的收益、经营的收益、知识产权的收益；也包括双方可能忽视的财产类型，如社保、公积金、债权债务、投资、股权、遗产、赠与等。与此同时，律师特别强调婚前财产协议的重要性。如果夫妻双方的婚前财产协议合法且有效，那么在离婚财产分割的过程中，应严格按照协议的内容执行。

在处理方式上，律师倡导尽量通过协商来解决问题。协商解决不仅有利于保护双方的合法权益，也更能维护家庭和社会的和谐稳定。如果协商无果，可能就需要通过法律程序来解决，通过对夫妻双方共同财产进行准确评估，依据法律界定其性质（确定哪些属于夫妻共同财产，哪些属于个人财产）。

至于胜诉的关键，仍然是证据为王。在财产类纠纷中，证据的力量无疑是最强大的。例如本案中，被告刘某虽主张房屋贷款是由其父母支付，并出具了收据、个人贷款支付凭证、公证书及双方的银行交易明细，但原告律师提交的证据及质证意见形成了有力的证据链，最终一审法院认定刘某应向崔某补偿共同还贷部分及房屋增值部分，崔某的离婚诉求、女儿抚养权诉求和财产分割诉求均得到了法院的支持。

总体来说，夫妻之间出现共同财产分割争议时，首要步骤是明确哪些财产属于夫妻共同财产。这需要深入了解双方在婚姻期间的财产状况，包括收入、购置的财产、债权债务等，同时需要考虑双方的贡献、需求、有无过错、子女跟随哪一方生活等因素来综合评判。如果想证明自己是对共同财产贡献更大的一方，就要有意识地固定证据，这样才能在发生争议时说服法院支持自己的诉求。

随着时代的发展以及女性思想的独立，夫妻“AA 制”在生活中越来越常见。根据现行法律的相关规定，夫妻之间如果没有书面的婚内财产约定，是无法对抗法律规定的夫妻共同财产制度的。虽然离婚意味着必经历一段痛苦，但通过有效的规划和合法的路径支持，我们可以更好地维护自己的权益。

律师简介

王旭律师,北京市盈科(上海)律师事务所律师,盈科全国商事仲裁与商事调解法律委员会副秘书长、盈科上海商事法律事务部副秘书长,省级优秀律师,有近10年丰富的执业经验,累计处理案件数百件,法律功底扎实,执业态度认真负责,得到众多委托人的认可。秉承终身成长的学习和工作理念,追求案件流程化、精细化办理,能够从多角度精准判断客户需求,从客户需求角度出发,以事实为依据、以法律为准绳制订最优方案,以维护当事人利益最大化。擅长领域:婚姻家庭纠纷家庭风险管理与财务规划,商事仲裁。

王燕杰律师,北京市盈科(包头)律师事务所专职律师。具有扎实的专业知识、较强的判断能力及逻辑分析能力,对待工作认真负责。曾担任鄂尔多斯市东胜区人民政府法律顾问、包头市青山区人民政府法律顾问、中国人民财产保险股份有限公司鄂尔多斯分公司常年法律顾问、乌拉特中旗蒙银村镇银行常年法律顾问。擅长领域:劳动争议纠纷、侵权纠纷及合同纠纷等。

离婚后发现一方将夫妻共同财产赠与婚外情人，另一方能否主张返还

陈　璐

案情简介

案件当事人：原告姜某某（女方），被告张某某（男方）和吴某（第三者）。

姜某某与张某某原系夫妻，两人于2013年5月4日登记结婚，婚内育有一子。后两人性格不合，经常争吵，且男方长期与婚外异性关系密切，于是双方于2018年1月22日协议离婚。离婚协议约定，西餐店归女方经营，儿子归男方抚养，女方无须支付抚养费，婚内一辆汽车归男方所有，无其他共同财产、债权及债务需分割。

2021年10月初，女方得知男方在离婚前的出轨对象系和自己共同工作且有投资入股自己经营的西餐店的吴某，两人保持不正当关系长达7年之久。心碎震惊之余，女方找到我们律师团队，希望通过法律维护自己的合法权益。

根据我们提供的取证方案，女方发现2018年第三者投资入股西餐店的投资款45,000元来自男方。在入股后，由于女方对婚外情不知情，还每月按照第三者的"投资"比例给予其餐厅的分红款。另外，在女方与男方婚姻关系存续期间，男方频繁通过微信、支付宝、现金等方式将钱款赠与第三者，并且还赠送了高档化妆品、手机、独轮车等礼物。二人一起旅游、共同消费、共同生活，在原告的眼皮子底下，男方与第三者以瞒天过海的方式相处了整整7年。

于是,女方将男方和第三者告上法院,要求确认男方与第三者之间的所有财产赠与行为无效,要求第三者返还其与男方婚姻关系存续期间男方赠与的116,995元及相关利息。

律师策略

本案难点在于取得男方在婚内与第三者存在不正当关系的证据,以及获取男方向第三者赠与财产的具体线索。

我们与女方沟通后了解到,女方与男方虽然已经离婚,但由于两人共同开店,男方还一直在店里帮忙打理和安排,男方不想与女方彻底了断,希望复婚。女方一方面对男方婚内出轨行为伤心欲绝,另一方面依赖男方协助打理店铺,且双方还有共同的孩子,女方起诉只是为了给自己一个交代,希望男方为自己的错误承担后果,以及让第三者为破坏自己家庭的行为付出代价。在这样的情况下,我们建议女方尽可能向男方取证,获得男方在婚内与第三者存在不正当关系的证据,以及掌握男方赠与第三者财产的线索和证据。在律师的指导下,女方获得了男方的一份保证书,承认了其在婚内与第三者的情人关系以及存在转账、赠送礼物、共同旅游等事实。另外,由于女方与第三者曾经是同事及合伙人关系,女方对于第三者交织着很复杂的感情和情绪,女方在找到我们律师团队后还与第三者保持着微信沟通。于是,我们也建议女方借着其与第三者还能沟通对话的时机,尽可能详尽地了解和掌握第三者与男方在一起时的相关细节。

经过一个月的积极取证,我们获得了男方与第三者交往的合照、聊天记录,微信、支付宝、银行卡的部分转账凭证,赠与物品的图片,男方写给女方的保证书,录音资料等关键证据。梳理好这些证据后,在诉讼过程中我们还申请调取了男方的银行卡、支付宝、微信等流水,掌握了男方与第三者存在不正当关系以及男方向第三者转账的确凿证据。

工作成果摘录

代理词（节选）

一、两被告之间的赠与行为无效

首先，根据《民法典》第1062条的规定，夫妻在婚姻关系存续期间所得的财产为共同财产。男方与女方于2013年5月4日登记结婚，于2019年2月22日登记离婚，在没有证据表明女方与男方存在约定财产制以及赠与财产为男方婚前财产的情况下，应当认定男方转账给第三者的款项为夫妻共同财产。其次，根据《民法典》第153条第2款的规定，违背公序良俗的民事法律行为无效。在和女方保持婚姻关系期间，男方与第三者长期保持不正当关系，通过微信、支付宝等方式擅自将夫妻共同财产转账给第三者，破坏了合法夫妻关系，违背了夫妻忠实义务，其赠与行为违反公序良俗，应当认定为无效。

二、第三者需要返还被赠与的财产

第三者对男方与女方存在合法婚姻关系知情，其对于男方的转账属于男方与女方的夫妻共同财产是明知的，主观上具有侵害的故意，客观上也获得了现金、转账、店铺分红、礼物、股票等实际利益，侵犯了女方在夫妻共同财产中所有的合法财产权益，其获得的不当利益理应返还给原告。

三、关于赠与的财产范围认定问题

(一)对于用以投资西餐厅的45,000元及其产生的收益

第三者主张45,000元是借款，但没有相应证据予以证明。基于我方的举证以及两被告均在法官的庭后询问笔录中承认了不正当关系，我们认为，在双方存在不正当关系的情况下，男方给第三者的转账应认定为赠与，除非两被告对于转账有证据证明该转账系借贷关系，否则两被告在笔录中对于45,000元是借款的表述不足以采信，更何况如果真是借款，双方必然对达成借款合意有相应证据。在两被告不正当关系存续期间，没有证据表明45,000元系借款的情况下，该笔转账应认定为赠与。况且，两被告保持婚外情人关系

长达七年之久,在原告已经起诉的情况下,两被告共同作出 45,000 元是借款的表述考虑到男方与第三者之间的感情,存在串通可能性,故仅口头表述 45,000 元是借款关系不足以采信,45,000 元应当返还给原告。基于 45,000 元的基础关系违背公序良俗,赠与的款项及其所产生的分红收益应当返还。

对于归还问题,第三者在原告与男方离婚后曾转账 30,000 元给男方,第三者主张系归还 45,000 元借款中的部分。我们认为,在原告与男方离婚后,两被告依然保持着情人关系,转账的 30,000 元不排除有其他用途——第三者对男方的赠与,或者是用于两被告之间的其他支出。若第三者主张 30,000 元系归还 45,000 元,应当有相应的原始证据予以佐证,否则不足以采信。

(二)10,000 元股票款问题

基于两被告的笔录,10,000 元源于男方,放在第三者账户中日常操作,两被告均知道账户密码,且男方表示之后就没管过账户,另第三者表述本案起诉后,她已将股票抛售,足以说明就该笔股票款男方对第三者具有赠与的意思表示,且第三者的抛售行为也使该笔款项客观上为其所有,因此该 10,000 元股票款应认定为男方对第三者的赠与。

(三)对于其他转账

两被告对其他转账均已确认是赠与或者已消费,但没有相应证据表示确切用途,在两被告不能举证的情况下,均应认定为基于不正当关系的赠与,应当累计计算全部返还给原告。

……

综上所述,请求法院支持原告的合理诉讼请求。

案件结果

经过审理,法院确认:

一、两被告之间存在不受法律保护的不正当关系,因双方当事人均已承认该事实,以及认可男方给第三者转账汇款的基本事实,法院对此予以确认。

二、关于赠与财产的认定，由于两被告未到庭答辩，法院于2022年1月8日、25日针对各项款项进行了庭外调查，并且制作了调查笔录和询问笔录，结合相关证据和庭审情况对以下事实予以确认：

第一，在女方与男方婚姻关系存续期间，第三者对女方西餐店所投资的45,000元及产生的分红。基于男方与第三者之间的特殊关系，且从第三者通过支付宝转回给男方30,000元、10,000元等大额款项的事实来看，对双方之间有形成口头借款的可能性，本院予以采信。但该笔债务形成时间在女方与男方婚姻关系存续期间，且以共同财产出借，应属于两人的共同债权，第三者在两人离婚后归还的30,000元及其他还款，应属共同债权导致的还款，女方可就此向男方就共同财产提出分割主张。西餐店分红款属于赠与的财产，因为男方与第三者之间的借款无任何利息或回报款，是为了让第三者获得投资收益，具有赠与的意思表示，应当返还。

第二，对于两笔股票款共计10,000元，属于赠与财产，虽然该款项转入第三者账户后用于购买股票，但股票账户的户主是第三者，其对此具有支配的权利，且货币是种类物，男方将款项转账给第三者后再由其购买股票，应当将该笔转账视为赠与。

第三，其他微信转账。基于微信红包的功能属性，虽男方对第三者的转账金额较小，但存在同日转账多笔的情况，且存在多笔诸如妇女节转账及520元、88.88元等日期、金额特殊的转账，在扣除第三者转账返还金额的基础上，按差额3484.67元认定为男方赠与第三者的财产。

……

综上所述，法院判决男方擅自将本属于夫妻共同财产的前述价值为53,884.67元的财产赠与第三者，违反了相关法律规定，也有违公序良俗的基本原则，其赠与行为应属无效，在扣除女方自认的12,875元第三者垫付房租款外，剩余金额41,009.67元第三者应返还给女方。

典型意义

婚姻关系中，遵守忠实义务是夫妻之间最基本的要求，《民法典》第 1043 条第 2 款对夫妻忠实义务进行了宗旨性、倡导性的规定："夫妻应当互相忠实，互相尊重，互相关爱；家庭成员应当敬老爱幼，互相帮助，维护平等、和睦、文明的婚姻家庭关系。"因此，夫妻双方彼此坦诚、相互忠实，是稳定婚姻关系的应有之义。

近年来，因婚外情起诉要求返还夫妻共同财产的案件日益增多，公序良俗原则、无权处分制度在案件中的适用也越来越频繁。《民法典》第 1062 条规定，工资、奖金和其他劳务报酬，生产、经营、投资的收益，知识产权的收益，继承或者受赠未约定只归一方的财产为夫妻共同财产，对于非因日常生活需要对夫妻共同财产做重要处理决定的，夫妻双方应当平等协商，取得一致意见。

在本案中，男方在夫妻关系存续期间与第三者长期保持不正当关系，同时擅自处分夫妻共同财产，通过转账、汇款、赠与礼物、共同消费等方式将大量财产赠与婚外情人，其行为不仅破坏了家庭关系、违背社会伦理秩序，而且严重侵犯了女方的财产权益，与公序良俗原则相悖。在司法实践中，对于将婚内财产赠与婚外情人的情况，需要原告方能够提供切实可靠的证据予以证明，在证据充分的情况下，法院通常会判决赠与合同或行为无效，可以实现赠与金额的部分返还甚至全部返还。

婚姻家庭生活是社会生活的重要组成部分，每个人都需要在婚姻中做一个守法的公民，遵守法律规定。在夫妻关系中，任何一方都需要践行夫妻忠实义务，在社会基本道德规范和法律允许的范围内行事。

律师点评

对于婚姻关系存续期间赠与第三者财产侵害夫妻共同财产的行为，实务中往往会支持原告方的诉求，判决第三者返还财产，其中关键点在于婚外情证据的收集以及婚内转账汇款的行为性质认定问题。不同的案件处理思路、不同的律师介入时间，往往会导致不同的案件效果。

本案的特殊之处在于第三者在与男方相处的 7 年时间里也付出了真情，从我方取得的男方支付宝、微信等大量流水来看，也有很多钱款是第三者转给男方的，相互扣减汇总后发现，第三者从男方处获得的钱款金额并不多，对于45,000元店铺投资款经过核对也存在借贷可能性，故法院最后确认男方与第三者之间的转账差额为实际上第三者得到的金钱利益。

在本案中，女方的主要诉求是让第三者承担应有的责任，希望通过判决的方式解决，获得法律上对男方与第三者婚外情行为的否定性评价。在取证过程中我们发现第三者并未获得男方太多金钱利益，在此情况下，女方对于一审判决第三者应返还的金额予以认可，未上诉。对于45,000元的来源法院认定为借贷，告知可以另行向男方主张，由于女方和男方还存在其他利益关系，最后未另案起诉。对于案件结果，女方表示接受和认可。

律师简介

陈璐律师，中共党员，北京盈科（金华）律师事务所股权高级合伙人律师，私人财富管理法律事务部主任，盈科金华党支部统战委员、妇联主席，国家二级心理咨询师，巾帼创新创业导师，财富传承管理师，婚姻家庭高级讲师，金华市6138妇女儿童热线志愿者，婺城区矛调中心和解工作室志愿服务队队长，金华市律师协会婚姻家事与家族财富传承专业委员会副主任，金华市律师协会公司法专业委员会委员，金华市婺城区女企业家协会副会长，金华市金义新区青年企业家协会秘书长，金华市婺城区三八红旗手，金华市律师协会优秀共产党员，共青团浙江省第十五次代表大会代表，金华市婺城区首批家庭教育指导师，入选金华市婺城区首届“十佳青年律师”。

执业12载，以婚姻家事、私人财富管理和企业法务为主要业务方向，兼具心理学和法学专业背景，擅长处理疑难、复杂家事纠纷以及公司法律服务。处理过诸多家事矛盾纠纷，包括离婚案件、分家析产、多子女家庭继承、同居财产分割、同性恋群体析产等，均能取得良好效果，获得当事人的一致好评。

再婚父亲拖欠幼子抚养费，法院判决维护幼子利益

——离婚时约定好的抚养费，可否变更

陈　璐

案情简介

案件当事人：原告小徐（孩子），法定代理人虞某（小徐母亲），被告徐某（小徐父亲）。

虞某与徐某同为监狱系统工作人员，于 2015 年相识，2016 年登记结婚，2017 年虞某生下儿子小徐。在虞某怀孕期间，两人经常发生争吵，孩子出生后，徐某仍经常对虞某进行言语辱骂、威胁等精神暴力。2019 年 3 月 11 日双方协议离婚，在离婚协议中约定儿子小徐由虞某抚养，徐某每月给付生活费 600 元，医疗费、教育费凭实据由双方各自承担一半，到儿子年满 18 周岁为止，18 周岁后的有关费用由双方日后重新协商。在不影响孩子生活起居的情况下，徐某每半个月有两天可接儿子到其居住地共同生活。

因虞某在监狱系统工作，儿子小徐长期跟随外祖父母在老家生活和学习。除了工作时间，虞某只要休假就会回到老家陪伴孩子。徐某离婚后常常欠付抚养费，每年探望儿子的次数不超过两次，其在物质上和精神上均未尽到作为父亲的责任。女方找到我们，希望通过法律途径争取到孩子的抚养费，同时希望将离婚协议中约定的 600 元生活费予以提高，以满足孩子日益增长的客观需要。

律师策略

本案是一起抚养费纠纷,关键点在于梳理已经发生的抚养费凭证,证明已经发生各项费用的合理性,以及向法院举证证明提高抚养费的必要性,为当事人尽可能争取最大利益。

孩子的母亲虞某对于已经发生的费用保留了部分凭证,在律师的指导下补充了离婚后发生的医疗费、教育费、日常生活开支等其他具体支付凭证。针对虞某希望提高抚养费的需求,我们进一步了解了孩子目前由身体并不是特别好的外祖父母协助照顾,孩子实际生活地为台州,以及孩子日常兴趣班内容、数量、费用等实际情况。我们告知女方补充提供证明提高抚养费必要性的相关证据,诸如女方父母前期因身体不适而住院的病历、就诊记录;台州市上年度的人均消费水平;孩子近几年平均生活开支所需以及目前兴趣班维持必要性;男方目前的经济状况,等等。另外,我们还让女方出具了一份自述材料,对于自身情况、孩子情况、男方现状等问题做了详细说明。

在我方提供的证据确实充分的基础上,法官对于增加抚养费的必要性予以了认可,最终综合考量各项因素,判决将抚养费予以提高。

工作成果摘录

代理词(节选)

一、从原告的实际需要角度

目前原告在上幼儿园小班,从现实来看,除了吃、穿、住、行、娱乐、看病等日常需要,随着年龄的增长,原告对教育的需求也日益增加。在正常上学之外,原告还需要参加部分兴趣班。虽然目前国家在倡导“双减”政策,但这并不意味着孩子不需要除基础教育外的任何额外教育。“双减”减的是作业辅导和过度的校外培训负担。对于孩子身心健康成长来说,适度的兴趣和爱好是非常正常和必要的,特别是体育类和文艺类兴趣班。对于孩子来说,有1个到2个适合且自己喜欢的爱好是有益于身心健康全面发展和符合国家政策导向的。

被告在答辩状以及提交的证据中反复强调孩子上托班没有必要、参加兴趣班没有必要，甚至花费一番心思去寻找国家托班入学率低的数据，并借用"双减"等政策和报道作为证据，实际上是为了减少自己的抚养义务，推脱自己作为父亲的教育责任。被告虽在答辩状中极致地用"言辞"展现对儿子的责任心和爱，但我们认为，在其无法实际花费更多时间陪伴孩子的情况下，在经济上多支持孩子一些，多让孩子有一些学习机会，给孩子增加一份未来的竞争力也是理所应当的。更何况被告是公务员，其经济状况完全可以支持孩子部分兴趣班等合理教育需求。未来随着孩子的成长，衣食住行、交友互动、比赛、班费等大大小小不能一一列举的费用都可能会出现，原离婚协议中生活费600元的约定早已不能满足孩子日常生活学习的客观需要。

二、从被告的负担能力角度

被告在答辩状中陈述离婚协议中约定生活费600元/月是双方协商一致的结果，但事实上当时原告母亲是迫于对被告的恐惧心理，希望尽快摆脱痛苦的婚姻才不得已接受每月600元的费用标准。实际上，这个数字是远远不够的。

虽然被告在答辩状中还提到自己曾在离婚时负债，但这不能表明被告目前的经济状况无法负担孩子的抚养费。其还提到了降薪，但同样是公务员的孩子母亲也受到了相应的影响，对于离异的单身女性，需要独自承受生活和抚养孩子的压力更不容易。更何况女方离婚至今都没有自己的房子，只能借住在父母家，未来为了孩子读书也需要考虑买房子，而高额的房价以及其他生活、抚养、赡养负担对女方来说无疑都是巨大的压力。反观被告，其在监狱系统工作，除基本工资外还有不少奖金等福利，按照监狱系统平均工资情况，其每月有不少于18,000元的收入，完全有能力负担原告对于抚养费增加的需求。

三、从当地的实际生活水平角度

2021年台州市城镇居民人均消费支出为42,096元，平均每月人均消费支出为3508元，这与被告目前承担的抚养费标准相距甚远。

……

综上所述，无论是从原告的实际需要、被告的负担能力还是当地的实际生活水平来看，都需要对抚养费的标准予以提高。最后，恳请法院支持原告的诉讼请求。

案件结果

由于徐某在开庭前已将欠付的生活费支付完毕，在诉讼过程中，法院主要对是否应提高抚养费标准进行了审理。法院认为，离婚后子女由一方直接抚养的，另一方应当负担部分或者全部抚养费。负担费用的多少和期限长短由双方协议；协议不成的，由人民法院判决，前述协议或者判决不妨碍子女在必要时向父母任何一方提出超过协议或者判决原定数额的合理要求。原定抚养费数额不足以维持当地的实际生活水平，因子女患病、上学，实际需要已超过原定数额或者有其他正当理由应当增加，子女要求有负担能力的父或母增加抚养费的，人民法院应予以支持。抚养费的数额，可以根据子女的实际需要、父母双方的负担能力和当地的实际生活水平确定，最终法院酌情判决被告每月支付抚养费2500元。

典型意义

夫妻离婚时，一般会通过协议或者法院判决的方式对子女抚养费承担的数额及支付时间进行确定，但是这并不代表抚养费的金额是一成不变的。一方或双方的经济情况有随时发生变化的可能性；且随着子女年龄的增长以及社会的发展，相应的生活费、教育费、医疗费等费用也会随之变化，可能会发生原先协议或判决中确定的数额无法适应现实的状况。《民法典》第1085条第2款规定，关于离婚后子女抚养费的协议或者判决，不妨碍子女在必要时向父母任何一方提出超过协议或者判决原定数额的合理要求。《最高人民法院关于适用〈中华人民共和国民法典〉婚姻家庭编的解释（一）》第49条规定："抚养费的数额，可以根据子女的实际需要、父母双方的负担能力和当地的实际生活水平确定。有固定收入的，抚养费一般可以按其月总收入的百分之二十至三十的比例给付。……"

因此，若夫妻双方在离婚时确定的抚养费数额无法满足孩子的实际需要，或者父母一方或双方的经济情况发生重大变化等，抚养费数额可以进行变更。具体数额需要考虑子女的实际需要（如生活成本增加、重大疾病或者教育需求增加）、父母双方的负担能力以及当地的实际生活水平来确定。

在本案中，为了维护小徐的利益，保护其身心健康成长，法院结合小徐实际学习和生活的台州地区人均消费水平，小徐目前的生活费、教育费及医疗费开支情况，徐某和虞某的收入状况，将600元/月的生活费标准增加至2500元/月，充分维护了小徐的合法利益。该案对于在离婚时确定的抚养费数额不足以满足孩子的实际需要，或者因自身经济发生重大变化无法承担原先抚养费数额因而需要变更抚养费金额的案件具有参考性。

律师点评

在本案处理过程中，男方对于实际发生的部分教育费用、医疗费用存在异议，认为乒乓球等兴趣班没有参加的必要，以及部分医疗费用是额外多余的而不愿支付。虽然后来经过律师的沟通，男方最终在开庭前将已经发生的费用支付完毕，但前期的沟通过程还是较为艰辛的。这个过程也提示我们，对于实际抚养孩子的一方来说，一方面要保留好费用支付的原始凭证；另一方面在相对大额的费用发生之前，需要与非实际抚养的一方进行沟通和确认，或在离婚协议中提前对承担比例进行约定。

对于抚养费数额不足以满足孩子的实际需要或者自身经济状况发生变化的情况，需要收集相关抚养环境发生变化、孩子成长需求发生变化的相关证据，与对方进行协商变更或者向法院起诉要求变更抚养费标准。

另外,在该案中,原离婚协议约定“生活费每月支付,教育费、医疗费单独据实支付”。对于女方来说平时需要积累大量的日常生活票据,非常不便利,于是我们在主张诉讼请求时还要求今后的各项抚养费一并支付,在和法院充分沟通并举证女方维权之艰辛的情况下,法院支持了我们要求增加抚养费并且需要一并支付的诉讼请求。

律师简介

陈璐律师,中共党员,北京盈科(金华)律师事务所股权高级合伙人律师,私人财富管理法律事务部主任,盈科金华党支部统战委员、妇联主席,国家二级心理咨询师,巾帼创新创业导师,财富传承管理师,婚姻家庭高级讲师,金华市6138妇女儿童热线志愿者,婺城区矛调中心和解工作室志愿服务队队长,金华市律师协会婚姻家事与家族财富传承专业委员会副主任,金华市律师协会公司法专业委员会委员,金华市婺城区女企业家协会副会长,金华市金义新区青年企业家协会秘书长,金华市婺城区三八红旗手,金华市律师协会优秀共产党员,共青团浙江省第十五次代表大会代表,金华市婺城区首批家庭教育指导师,入选金华市婺城区首届“十佳青年律师”。

执业12载,以婚姻家事、私人财富管理和企业法务为主要业务方向,兼具心理学和法学专业背景,擅长处理疑难、复杂家事纠纷以及公司法律服务。处理过诸多家事矛盾纠纷,包括离婚案件、分家析产、多子女家庭继承、同居财产分割、同性恋群体析产等,均能取得良好效果,获得当事人的一致好评。

继父母子女间法定继承人身份的认定

——继承纠纷中认定形成有扶养关系的继父母子女关系考量的因素

郑素洁

随着离婚率的攀升及离婚后重新组建家庭的增多，继父母子女间扶养关系的认定，以及涉及的财产继承问题，在当下大中城市中受到越来越多人的关注。怎样才算履行了扶养义务，如何认定形成有扶养关系的继父母子女关系及财产如何继承，是每一个有继子女的再婚家庭关心的问题。以下笔者将通过自己亲办的案例向大家作详细分析。这个案件对委托人来说可谓实现了完美逆转，笔者在此予以分享，希望对大家有所帮助。

案情简介

马某1与马陈氏系夫妻关系，共育有9名子女，分别为马某2、马某3、马某4、马某5、马某6、马某7、马某8、马某9和马某10。马某1于1968年12月27日去世，马陈氏于1975年12月13日去世。马某2、马某4和马某8先于马某3去世。被继承人马某3与薛某某系初婚，婚后无子女，薛某某于1995年4月去世。马某3与芦某某系再婚（1997年12月22日结婚），婚后亦无子女，芦某某于2015年3月26日去世。孙某1、孙某2系芦某某与前夫所生，在马某3与芦某某再婚时均已成年（孙某1 34岁，孙某2 29

岁)且成家。马某3于2018年6月22日去世,生前未留有遗嘱。坐落于北京市宣武区南运巷×楼×门×号的房屋登记在被继承人马某3名下,为马某3与芦某某婚后购买。

2013年,孙某1罹患脑梗导致半身不遂,生活不能自理。

2015年3月26日,芦某某去世,后马某3一直独居于案涉房屋。

2016年11月,孙某1之妻秦某某私自将马某3带离案涉房屋;之后,将被继承人的房子出租并收取收益。

2018年3月14日,孙某1和其子户口迁入马某3房屋。

2018年6月22日,马某3去世。同一日,马某3的户口簿户主被变更为孙某1。同年,孙某1与秦某某的儿子参加高考。

2018年8月20日,孙某1以自己与马某3形成具有扶养关系的继父母子女关系是第一顺位继承人之由起诉孙某2要求继承马某3名下房产。

此后,笔者代理原告方(原告是被继承人马某3的兄弟姐妹,系法定第二顺序继承人)提起诉讼,要求继承马某3的遗产。一审庭审之初,孙某1主张自己与马某3形成有扶养关系的继父母子女关系,应作为第一顺位继承人。因我方反驳得力,第二次庭审时,对方的观点有所调整,主张万一有扶养关系的继父母子女关系不被认定,孙某1能依据非法定继承人对被继承人尽了较多的照顾义务而适当分得财产。但该案最终结果是:孙某1的两项主张都没有得到法院支持,孙某1、孙某2只继承了属于其母亲的案涉房屋份额。

律师策略

本案的主要争议焦点有两个:一是孙某1与被继承人是否形成具有扶养关系的继父母子女关系;二是孙某1与秦某某是否能依非法定继承人对被继承人尽了较多的照顾义务而适当分得财产。

针对第一个争议焦点,笔者主要通过以下三点从时间节点上阐明孙某1与被继承人未形成具有扶养关系的继父母子女关系:

1. 芦某某在世时,孙某1、孙某2与马某3系单纯的直系姻亲的继父母子女关系,只具有名分上的继父母子女关系,未形成法律上的扶养关系。未形成法律上的抚养关系从马某3与孙某1、孙某2未形成抚养教育关系及二者也未形成赡养扶助关系两个方面进行论证。

2. 孙某1、孙某2与马某3名分上的继父母子女关系自2015年3月26日起因芦某某的死亡而消灭。

“有扶养关系”的继父母子女关系在法律上是不能因继父母婚姻关系的解除或消灭而自然解除或终止的,但没有形成扶养关系的继父母子女关系随生父母与继母、继父之间婚姻关系的消灭而消灭。故孙某1、孙某2与马某3名分上的继父母子女关系自2015年3月26日起消灭。

3. 2016年11月,孙某1之妻秦某某强行将马某3带走时,孙某1与马某3之间已经不存在履行赡养义务的基础关系。

孙某1、孙某2与马某3自2015年3月26日芦某某去世之日起,既无法律上的关系,也无名分上的关系,而是类同于路人甲与路人乙的关系,所以二者之间即便是有互相帮助、互相照顾之行为,也并非法律意义上的履行赡养义务或扶养义务。

针对第二个争议焦点,笔者通过攻击对方提供的证据并提供新的证据,使得孙某1的举证责任未履行到位,最终因未达到高度盖然性的证明标准,而让法院未支持孙某1作为非法定继承人对被继承人尽了较多的照顾义务而适当分得财产的主张。

攻击对方证据主要是通过串联对方证据,把对方有可能欲通过对马某3的照顾而侵吞其名下财产的一个个事实摆在法官面前,特别是委托人到对方提供的证人住处核实证人提供的证词内容的来源及真实性,使得对方提供的证词完全被否定,且让法官对对方有了不好的印象和评价。笔者认为,这对本案的结果有较大的帮助。

工作成果摘录

代理词（节选）

一、孙某1与被继承人马某3未形成具有扶养关系的继父母子女关系

（一）在芦某某在世时，孙某1、孙某2与马某3系单纯的直系姻亲的继父母子女关系，只具有名分上的继父母子女关系，未形成法律上的扶养关系

1. 马某3与孙某1、孙某2未形成抚养教育关系

继父母与继子女之间没有自然血缘关系，是基于婚姻关系而产生的姻亲关系，根据《婚姻法》（注：当时《民法典》尚未实施）第27条第2款的规定，"继父或继母和受其抚养教育的继子女间的权利和义务，适用本法对父母子女关系的有关规定"。这表明继父母与继子女之间只有形成抚养教育关系时才等同于亲生父母与子女之间的关系，才产生父母子女间的权利和义务，具有拟制血亲的法律效力。

抚养教育关系的形成前提是继子女未成年，这是《婚姻法》第27条第2款的应有之义，因为需要抚养教育的继子女必然是未成年人。而本案芦某某和马某3在1997年12月22日登记结婚时，孙某1已经34岁，孙某2已经29岁，均已成年并已成家。

诚然，在现实中，有继子女已经成年，但继父母对其学业、事业予以照料或资助的情况存在，但正如亲生父母对亲生子女成年之后没有法定的抚养义务一样，继父母对成年继子女的这种照料或资助不是法律意义上的抚养教育，所以不能形成具有抚养教育关系的继父母子女关系。而本案中，也不存在马某3主动对孙某1和孙某2的学业和事业予以照料或资助的情形。

综上所述，马某3与孙某1、孙某2未形成具有抚养教育关系的继父母子女关系。

2. 马某3与孙某1、孙某2未形成赡养扶助关系

赡养是晚辈对长辈所尽的法定义务，继子女需在法定期间内持续对继父

母履行赡养扶助义务。通常包括对继父母履行经济上供养、生活上照料和精神上慰藉义务,包括提供住房保障;当继父母患病时提供医疗费用,使继父母得到及时的治疗和护理,等等。

本案马某3与芦某某再婚时,孙某1、孙某2已成年并已成家,二人从未与马某3、芦某某共同生活过。芦某某未生病前,孙某1和孙某2偶尔会过来探望,但往往只是和芦某某有接触,且绝大多数时候是过来拿钱拿物,其中有两次还被马某3当场发现或从身上搜出芦某某私自给的钱款,闹得很不愉快,孙某1、孙某2与马某3的关系一直都不好。在芦某某生病后去世前,孙某1和孙某2也只是隔一两个月过来看望一下就走,从未为母亲支付过任何医药费。孙某1、孙某2对其母亲尚且如此,更何谈对马某3的照顾。另外,需要强调的是,孙某1于2013年即罹患脑梗,丧失劳动能力,自己尚需要人照顾,根本不可能有时间和精力照顾马某3。故在芦某某在世时,马某3与孙某1、孙某2未形成具有赡养扶助关系的继父母子女关系。

(二)孙某1、孙某2与马某3名分上的继父母子女关系自2015年3月26日起,因芦某某的死亡而消灭

《民法总则》第51条规定,被宣告死亡的人的婚姻关系,自死亡宣告之日起消灭。据此不难判断,自然死亡的人的婚姻关系,自死亡之日起消灭。故马某3与芦某某的婚姻关系在2015年3月26日芦某某死亡之日消灭。另依据1988年1月22日《最高人民法院关于继父母与继子女形成的权利义务关系能否解除的批复》之规定,继父母与继子女已形成的权利义务关系不能自然终止,一方起诉要求解除这种权利义务关系的,人民法院应视具体情况作出是否准许解除的调解或判决。根据该批复,很显然,“有扶养关系”的继父母子女关系在法律上是不能因继父母婚姻关系的解除或消灭而自然解除或终止的,但没有形成扶养关系的继父母子女关系随生父母与继母、继父间婚姻关系的消灭而消灭。故孙某1、孙某2与马某3名分上的继父母子女关系自2015年3月26日起消灭。

（三）2016年11月，孙某1之妻秦某某强行将马某3带走时，孙某1与马某3之间已经不存在履行赡养义务的基础关系

孙某1、孙某2与马某3自2015年3月26日芦某某去世之日起，既无法律上的关系，也无名分上的关系，而是类同于路人甲与路人乙的关系；所以二者之间即便是有互相帮助、互相照顾之行为，也并非法律意义上的履行赡养义务或扶养义务。孙某2对马某3自始没有照料过，而且未体现在马某3的墓碑上，故其依法不能继承马某3的遗产，此不赘言。

孙某1虽看似对马某3有照顾，但其通过控制老人进而掌控霸占老人财产的意图表现在多个方面，且相当明显露骨，具体如下：

2016年11月，孙某1之妻秦某某私自将马某3接到承租的房屋；之后，把被继承人的房子出租，赚取收益。

孙某1与其妻子自私自接走马某3到马某3去世的18个月的时间内，未曾带马某3到医院看病就医，让老人在家消极等死。

自孙某1接走马某3后，其养老金收入每次到账后短时间内即被取现，取现后的钱款不知去向。

2018年3月14日，孙某1之妻把孙某1和其儿子的户口迁到案涉房屋。

被继承人去世当天（2018年6月22日）其户口就被注销了，并变更孙某1为户主。

孙某1的代理人即其妻子秦某某在法庭上自认马某3对他们的生活和经济提供了很多帮助。

被继承人去世后45天，也就是2018年8月7日，孙某1之妻到派出所开具关系证明，准备提起诉讼独占老人案涉房屋。

被继承人去世后51天，即2018年8月13日，孙某1在其诉孙某2法定继承纠纷一案中提交的证据显示其拿到了两个证人证言。

被继承人去世后53天，即2018年8月15日，孙某1在其诉孙某2法定继承纠纷一案中提交的证据显示其到首座御园二里居委会，让居委会为其出

具了证明。

被继承人去世后58天,即2018年8月20日,孙某1即提起继承马某3房产的法定继承诉讼试图独自霸占案涉房屋,且该诉状载明孙某1一家此时已经入住案涉房屋。

……

需要强调的是:孙某1为实现其霸占财产的目的,提供的两个证人证言都是虚假的。关于刘某某的证言:孙某1在法定继承起诉状中自称2015年3月27日至2016年11月7日,马某3独居于案涉房屋,而刘某某的证人证言中记录马某3是在2014年11月被孙某1和秦某某接走一起居住的,前后矛盾,造假明显,与事实完全不符。事实情况是芦某某2015年3月26日才去世,去世前一直和马某3居住在案涉房屋。关于杨某某的证言:2019年4月21日,原告子女与杨某某核实证人证言并向杨某某出示包括马某3在内的全家照时,杨某某表示根本不认识马某3。另外,杨某某居住于北京市宣武区牛街西里,距离南运巷坐公交尚需25分钟,距离大兴首座御园更远。其证明秦某某经常带着马某3下楼散步,不符合生活逻辑和情理。而且刘某某和杨某某的证人证言正文皆为同一人所写,且内容雷同,签名与正文的笔体完全不同。

根据《最高人民法院关于民事诉讼证据的若干规定》第2条第1款的规定,“当事人对自己提出的诉讼请求所依据的事实或者反驳对方诉讼请求所依据的事实有责任提供证据加以证明”。孙某1作为主张有扶养关系的继子一方,应当对扶养了马某3的事实承担证明责任。芦某某与马某3再婚时,孙某1已经成年且已成家,未与马某3共同生活。马某3一直以自己的财产承担租房、生活的开支及其他所有支出,孙某1没有证据证明其对马某3进行了扶养;孙某1之妻虽对马某3有一定的照顾和关怀,应当提倡鼓励,但也不是在经济上或劳务方面的主要帮助,且不具有长期性,不属于《最高人民法院关于贯彻执行〈中华人民共和国继承法〉若干问题的意见》第30条规定的情形,故孙某1与马某3不是具有扶养关系的继父母子女关系，对马某3的遗产没有继承权或其他分配请求权。

二、孙某1以照顾马某3之名，行掌控霸占马某3财产之实，其依据非法定继承人对被继承人尽了较多的照顾义务而适当分得财产的主张不应得到支持

因孙某1自2013年即罹患脑梗，生活尚需要人照顾，孙某1的儿子孙某在2018年6月参加高考，孙某1之妻秦某某一直在离家较远处上班，而马某3是2018年6月22日死亡的，由此不难推断，孙某1一家很难在生活上对马某3进行照料。假如孙某1、其妻秦某某、其子孙某、保姆和被继承人共同生活在承租的房屋内，假若秦某某请保姆之事为真，保姆所需花费也是由马某3的存款支付，且无从判断保姆的照顾对象是孙某1、孙某还是马某3。即便有保姆，一位保姆照顾三位需要照顾的人，保姆的费用还是用被继承人的退休金支付的，孙某1如何对老人生活上进行照顾无从体现。

经济上，不是孙某1一家照顾马某3，而是孙某1一家费尽心思霸占马某3的财物。这在与孙某1之妻秦某某的通话和面对面沟通录音中多有体现，此不赘述。

马某3有高额的退休金，并有医保，孙某1一家不仅未能提供物质上的支持，还需要依靠老人的退休金和储蓄金生活。身体健康的马某3在到孙某1安排的住处后短短一年多时间即去世，明显表明孙某1一家并未尽到物质和生活上的照料。

《最高人民法院关于贯彻执行〈中华人民共和国继承法〉若干问题的意见》第30条规定："对被继承人生活提供了主要经济来源，或在劳务等方面给予了主要扶助的，应当认定其尽了主要赡养义务或主要扶养义务。"由此可见，从最高人民法院司法解释的角度，扶养主要从对被继承人生活提供了主要经济来源，或者在劳务等方面给予了主要扶助的角度进行判断，一般不包括精神上的扶持。

以上所有内容均表明，孙某1一家将马某3强行带走之行径是行照顾之名而实为在老人在世时控制其动产，在老人去世后分得其不动产能有所依据。他们这种所谓的“照顾”不仅不能得到表扬或社会的认同，相反，应该由相应规定加以规制，避免为掠夺财产而控制老人进而控制老人财产的现象再次发生。故孙某1依据《继承法》第14条之规定，认为自己属于继承人以外的对被继承人扶养较多的人，可以分配给他们适当的遗产的主张不应当得到支持。

案件结果

孙某1、孙某2只是各自依法继承了案涉房屋中属于其母亲的1/6的份额，其他部分由马某3的第二顺位继承人即笔者的委托人平均分割。法院关于两个争议焦点的认定结论均支持了我方观点，委托人的利益得以最大化保护。

典型意义

尊老爱幼是中华民族的传统美德，赡养老人既是法律要求也是道德刚需。随着社会的发展，继父母的赡养问题更加复杂多样。当前社会存在很多继父母与继子女之间的关系，而这种关系问题是一个较为敏感的社会问题，本案对如何正确对待和处理二者之间的人身关系和财产关系具有较好的导向作用。

本案依法确认孙某1、孙某2未与马某3形成扶养关系，且孙某1、孙某2依据非法定继承人对被继承人尽了较多的照顾义务而适当分得财产的主张同样未得到支持，既彰显了法治权威，也维护了道德风尚。

律师点评

在本案中，如果支持了孙某1的主张，无疑会助长此类“继子女”打着照顾老人的旗号，实则是控制老人，索取老人财物的风气；会助长强行带走老人并长期控制老人的不良行为的蔓延。同时，会让家有此类“继子女”的老人惶惶不可终日，担心某一天也被挟持走，自己的财物成为别人的猎物，自己的命运完全由外人掌控，不仅无法自主安排自己的晚年，还会落得自己有钱有物却吃住看别人脸色且与亲兄弟姐妹等家人老死不相见的终生遗憾！

希望这个案件对社会上存在继父母子女因素的家庭有正向的指引作用！希望继子女们能用一颗善心对待即将年迈的继父母，力所能及地为他们提供经济上的帮助、生活上的照顾和精神上的慰藉！

律师简介

郑素洁律师，北京盈科家事调解中心执行主任，盈科股权法律事务部副主任，盈科全国家族财富讲师团优秀讲师，北京多元调解发展促进会理事，北京物资学院法律专业学位点硕士研究生校外导师，北京多元调解发展促进会首批赴美 ADR 培训团成员，北京政府法制研究会专家讲师团成员。

执业 17 年，专注于婚姻家庭、继承、财富传承实务，已为 1000 余位私人客户解决了家庭及家族法律问题，擅长代理疑难、复杂家事诉讼与非诉讼案件，擅长婚姻财富规划、财富保护与传承、家企风险隔离等。

参与编写《拒绝危险关系：婚外情的法律应对》《离婚关联纠纷法律应对指南》，广受律师同人及读者朋友好评。

没有房产证的房屋如何继承

——解读陆某继承纠纷案

吴　艳　王舒颖

案情简介

陆某的父亲陆甲多年前意外去世，陆某一家因陆甲的遗产继承起了争议。在公安民警的调解下，陆某的祖父母、陆甲的弟弟即陆某的叔叔陆乙、陆某母亲以及陆某本人就继承争议问题达成调解协议。陆某祖父母在调解协议中表明：自愿放弃原陆甲名下一套无房产证房产的继承权，但可以居住使用、收取租金；待祖父母百年之后，房屋归陆某所有；祖父母的生老病死由陆某负责。

数年后，陆某的祖父母相继去世，陆某和叔叔陆乙因两位老人的遗产继承再起纠纷，该无房产证房屋是争议遗产之一。房屋系陆甲夫妇与陆乙合资建设，既没有相关权利证书，也没有合法建造证明文件。房屋对外出租，租金原由陆某祖父母收取；陆某祖父母去世以后，租金为陆乙实际收取。陆某认为该房屋应由自己继承，也应由自己收取租金。陆乙认为一家人达成的调解协议只是解决当时纠纷的手段，不是陆某祖父母的真实意思表示；且陆某并未按照调解协议要求尽到照顾祖父母生老病死的义务，房屋在两位老人去世后一直由陆乙占有、使用、管理，故不同意陆某继承案涉房屋，并拒绝返还已收取的租金。

陆某将叔叔陆乙诉至法院，主张继承父亲陆甲的遗产，其中包括案涉房屋。法院依法处理了遗产分割问题，依法判定各继承人继承遗产份额，但认为案涉无房产证房屋不在本案处理范畴。陆某遂另案起诉陆乙，请求确认该无房产证房屋的权属，并要求陆乙返还已收取的租金。

律师策略

从《民法典》的规定来看，不动产物权的设立、变更、转让和消灭，经依法登记发生效力。因此，无房产证的房屋能否作为遗产继承，是否在继承案件中处理，都难以得出定论。本案中，委托人陆某除该无房产证房屋以外，还有其他待继承遗产，故笔者团队为了保障陆某大部分继承落地，在处理陆某继承案件时选择分两步走：首先在继承案件中保障陆某得以顺利继承其他遗产，尝试将案涉房屋列入遗产主张范围；其次收到法院不予以处理案涉无房产证房屋的处理结果后，再另案起诉，集中解决该无房产证房屋的相关权利问题。

为充实我方论据，厘清办案思路，笔者团队检索了近3年江苏、浙江地区目前公开案例中涉及无房产证房屋的继承案件。通过梳理检索结果，笔者发现，法院在继承案件中处理无房产证的房屋问题时，通常首先考虑案涉无房产证房产是否为法律或规定禁止继承的房产，再综合房屋性质、当事人有无争议等因素灵活处理，比如根据个案中合法有效的合同认定继承人继承无房产证房屋上财产性权利等。于是笔者团队决定，把握无房产证房屋上相关财产权利这一关键点，先从房屋上合法有效的租赁合同入手，主张返还租金；再结合陆某祖父母等人共同签署的调解协议这一关键证据，主张委托人陆某继承案涉房屋的使用收益等财产性权利。

工作成果摘录

代理词（节选）

一、案涉房屋位于××市××区××街道××号，房屋整体为原告父母亲陆甲夫妇和被告陆乙出资建造，本案讨论的争议部分仅为陆甲出资建造部分陆甲去世后,该房屋部分用于原告祖父母居住,部分用于出租。在原、被告及两位老人均签署的调解协议中,两位老人明确表示放弃该房屋继承权,两位老人可居住使用房屋,房屋租金由两位老人收取;待二人百年以后,房屋所有权归原告所有。签订调解协议时,有当地公安机关工作人员见证,调解协议上有原、被告及两位老人的亲笔签名。协议内容是两位老人的真实意思表示,且原、被告双方都知晓协议的内容。因此,该协议对原、被告双方均有约束力,根据协议内容,原告应当有继承案涉房屋使用收益的权利。

二、该房屋虽尚不具有确认所有权的法律依据,但不影响各方对房屋的收益作出的约定

原、被告已于调解协议中一致约定,案涉房屋待两位老人去世后由原告继承,因此房屋的租赁使用权利也应由原告继承享有。实践中有很多法院判决继承人继承无房产证房屋相关财产性利益的情况。例如,南京市中级人民法院在〔2019〕苏01民终8160号案中处理扩建房屋的继承问题,将房屋的合同债权作为被继承的遗产:诉争房屋扩建部分系南京大学在梁某伟与张某婚姻关系存续期间统一扩建,并交由原住户使用,房屋扩建部分与原有部分系一个整体。该扩建部分与已办理产权证面积的部分共同构成了诉争房屋,是诉争房屋中的一部分,而非独立于诉争房屋的建筑。在梁某伟与南京大学就诉争房屋扩建部分签订"南京市公有住房买卖契约"后,梁某伟按该契约向南京大学支付了购房款,因此,梁某伟对南京大学享有合同债权。从而判决:梁某伟与南京大学就南京市鼓楼区扩建部分房屋签订的"南京市公有住房买卖契约"的1/2合同债权归张某享有。

三、被告认为其已收取的租金可与被告为照顾老人支出的医疗费相抵,原告认为并不成立

首先,两位老人都有医保,且两位老人多年来积累了一定的存款,自身具备支付医疗费的经济实力。陆甲去世前,两位老人已达退休年龄,退休金每月2000余元,二人跟随陆甲生活,基本无生活费支出,二人也有存款;陆甲去

世后，两位老人在案涉房屋内生活，退休金加上收取房屋出租部分租金28，000元/年，二人年收入约50，000元。根据两位老人收入及存款状况可推断，二人多年来的存款已足够覆盖二人医疗费用。其次，被告仅提供了医疗费用票据，并未提供被告的实际支付凭证，结合两位老人自身具备支付医疗费的经济实力来看，现有证据仍不能证明被告所主张医疗费用由其实际支付。退一步说，即使被告坚持认为其有为两位老人支付医疗费的支出，该支出款项也与本案诉讼标的无关，被告可另案向原告主张，而不因此免除向原告返还租金的义务。

案件结果

在陆某起诉陆乙的第一个继承案件中，法院释明情况，原、被告双方一致表示同意不在本继承案件中处理该房产。

陆某另案起诉陆乙，请求法院确认房屋权属，并主张陆乙返还该房屋上的租金收益。法院经过审理，在判决中表示：争议房屋没有权利证书，以判决形式确认其权属于法无据，不予以支持；房屋虽不具备确权条件，但这并不影响各方对房屋收益作出约定的效力，从而根据现有证据，判决支持了陆某要求陆乙返还房屋租金的诉讼请求。

典型意义

出于历史遗留原因，实践中有相当一部分房产没有办法办理房产证。这样的房屋不仅在买卖、租赁时受到限制，涉及继承问题时同样经常陷入僵局。《民法典》规定，不动产物权的设立、变更、转让和消灭，经依法登记发生效力。无法办理房产证的房屋因缺乏权利外观，继承过程中极易成为引发纠纷的导火索。面对此类问题，法院处理时的自由裁量显得尤为重要。如果法院始终不予以处理，无房产证房屋上的纠纷无法解决，容易不断引发新的争议，陷入恶性循环；如果法院突破登记生效主义的原则进行判决，使无房产证房屋通过法院判决得以确权，一旦形成先例，不仅会导致此类诉讼爆发式增长,更会让法院与房屋登记管理机关的意见产生冲突,不当扩大了法院的权利。在陆某继承无房产证房屋一案中,法院没有将案涉房屋认定为遗产来分割,而是通过认可合同效力,依法支持陆某继承房屋相关的财产性权利,从而在兼顾合法性、合理性的范围内保障了继承人的权益,巧妙化解了无房产证房屋的继承难题。

律师点评

笔者检索了近3年江苏、浙江地区公开的涉及无房产证房屋的继承案件,且将法院处理此类案件的方式分为以下几类:

1. 不予以处理

检索结果中一半以上的案例不在本案处理无房产证房屋的分割问题,在判决书中常表述为:因无相关产权证明,故该院对此不予以处理;或待案涉房屋的合法性得到确认后,原告可以另行起诉,等等。法院暂不予以处理的无房产证房屋通常具有以下特点:既无房产证也无其他证据佐证房屋权属、当事人对房屋权属有争议,还可能涉及房屋合法性暂时无法确认、房屋已经灭失等情况。继承案件中不予以处理此类房屋,当事人还可以通过另案起诉或协商调解等其他途径确认房屋权益。

2. 不属于遗产,无法继承

违法违建的房屋本就不受法律保护,故无法作为遗产被继承;除此之外,法律明文规定部分房屋无法继承,如央产房、军产房等。〔2020〕浙0802民初343号判决认为:衢州市煤制品厂在其位于衢州市的土地上搭建构筑物,以供其职工居住使用,因无相应的不动产权属证书,故不属于法律意义上的房产概念。衢州市煤制品厂于2002年9月将上述地块转让给原告衢州国土储备中心,并办理土地使用权证,原告衢州国土储备中心对该地块享有相关权利。被告汪某仙的哥哥汪某倪对该构筑物不享有所有权,其死亡后也不会发生继承问题。

3. 继承人继承财产性权利

法院判决继承人继承无房产证房屋相关财产性利益的情况在实践中相对较多。

杭州市中级人民法院在〔2020〕浙01民终10782号判决中巧用债权，解决了无法办理房产证的拆迁安置房继承问题：原杭州市江干区彭埠镇章家坝村三组房屋是由王某4、吴某、王某5、石某英共同批建，为家庭共有财产，现该房屋因拆迁产生的拆迁补偿利益亦为家庭共有财产。石某英于2011年8月去世，去世时其对案涉拆迁补偿安置协议书项下享有的权益，即55平方米安置面积和过渡费余额128,400元，应为石某英遗产。

4. 继承人继承房屋所有权

在有其他证据佐证房屋所有权的情况下，个案中有判决直接将无房产证房屋纳入被继承人遗产的范围予以处理。这类房屋通常具有以下特点：房屋的合法性可以确认，当事人对房屋权属没有争议，有土地使用权证、购房合同、法院文书等其他证明力较强的证据佐证房屋归属；甚至房屋已经具备办理房产证条件，暂时没有登记办证。在常州市钟楼区人民法院〔2020〕苏0404民初6454号案中，案涉无房产证房屋因历史原因无法办理房产证，但有建设用地许可证，施工平面位置审核图，法院调解书、判决书等证据佐证房屋为被继承人所有，故判决认为：根据房屋建造、加层、变动等财产来源情况，1996年生效离婚民事调解书中亦认定该房屋归王某国所有，故宜认定为王某国的遗产。法院在继承案件中将无房产证房屋问题一并作为遗产处理，更多地从事实公正的角度出发，有利于"一揽子"解决问题，避免讼累。

综上可见，法院在继承案件中处理无房产证的房屋问题时，通常首先考虑案涉无房产证房产是否为法律或规定禁止继承的房产；如果不是，再综合房屋性质、当事人有无争议等因素灵活处理。实在无法确权时，个案中合法有效的合同关系往往能够成为继承人继承无房产证房屋上财产性权利的依据。尽管有半数以上的判例显示法院对继承案件中无房产证的房屋不予以处理，但判决中审慎的事实认定与说理都充分表明，法院已在尽可能为各方当事人平衡利益上作出了努力。

继承纠纷是家事诉讼的重要组成部分；继承纠纷的当事人的诉求尽管各案不同，但本质离不开被继承人财产性权利的转移。本案中，无房产证的房屋无法作为遗产进行分割，案件进展似乎行至绝路；但笔者把握案件本质，从当事人的需求出发，着眼于解决实际问题，使案件柳暗花明，协助当事人达成了诉求。

律师简介

吴艳律师，盈科律师事务所高级合伙人，盈科江苏区域婚姻家事与财富传承专委会主任，盈科南京律所婚姻家事与财富管理专委会主任，南京律师协会家族财富管理专委会副主任。兼具公司业务和企业主家事服务经验，精通韩语，熟悉英语。擅长处理涉外、涉股权、疑难复杂的婚姻继承诉讼，善于综合运用协议、遗嘱、保险、信托（遗嘱信托、保险金信托、家族信托、慈善信托）、股权架构等各类法律工具为客户提供家业、企业综合财富规划。常年受邀担任多家保险公司、私人银行及第三方财富机构的讲师，讲授家庭财富管理与传承课程。参与编写《拒绝危险关系：婚外情的法律应对》。

王舒颖律师，吴艳婚姻家事律师团队成员，毕业于中国人民大学法学院，熟悉协议、遗嘱、股权架构、保险、信托等各种财富管理工具的运用。

一纸离婚判决不等于案结事了

——解读李某诉吴某离婚后系列纠纷案

卢启华

案情简介

李某与吴某于2006年3月9日登记结婚，婚后第二年生育一女吴小某，2017年3月经法院判决离婚。根据吴小某的意愿，一审法院判决吴小某跟随母亲李某生活，吴某每月支付800元抚养费；机动车1辆归吴某所有，吴某给李某2万元折价款；因李某生活困难，吴某给予李某一次性经济帮助款2万元；同时法院判决李某对登记在吴某名下的房屋享有一年半的居住权。李某对上述一审判决不服提起上诉，二审法院判决维持原判。

李某离婚前系家庭主妇，离婚后没有自己的住房，靠打零工维持生计，母女俩的生活非常困难，吴某有稳定的、较高的收入且家境比较富裕（2007年拆迁获得5套房产及50万元补偿款）。离婚纠纷案中法院判决的一年半的居住权期限届满后，吴某及其父母多次上门逼迫李某和吴小某搬离，也曾断水断电，后吴某向法院申请强制执行，执行法院向李某送达了执行通知书。此外，吴某还以居住权到期，李某和吴小某没有主动搬离为由拒付吴小某的抚养费。

上述一系列的事件导致母女二人的情绪和情感都非常糟糕。母女二人的反常经群众举报以及媒体报道，引发扬州市妇联、扬州市法律援助中心以及社会各界的广泛关注。

律师策略

2020年9月,卢启华律师接受扬州市妇联以及扬州市法律援助中心的指派,为李某和吴小某提供法律援助。接受指派后,代理人首先就吴某向法院申请强制执行要求母女二人搬迁一案向法院申请中止执行,同时就吴某拖欠抚养费一案向法院申请强制执行。

经代理人调查,李某在某生态园打零工收入极低,吴小某初中在读,吴某每月给付800元生活费已不能满足吴小某的实际需要;吴某在婚内与其他异性同居并生育子女;2007年被拆迁的房产虽然登记在吴某父母的名下,但依据相关法律及政策的规定李某享有部分拆迁利益。因此,代理人最终确定的系列法律援助方案为:

1. 代理吴小某诉吴某抚养费纠纷一案,要求吴某增加抚养费支付标准,同时要求吴某给付婚内分居期间的抚养费;

2. 代理李某诉吴某离婚后损害赔偿纠纷一案,要求吴某给付精神损害赔偿金5万元;

3. 代理李某、吴小某诉吴某及其父母分家析产纠纷一案,要求吴某及其父母给付相应的拆迁安置利益,同时帮助李某、吴小某向法院申请缓交诉讼费。

律师分析

1. 抚养费纠纷

吴某诉李某离婚纠纷案中,法院判决吴某每月给付吴小某生活费800元;但双方离婚已满4年,吴小某已经从小学升入初中。随着吴小某年龄渐长以及物价水平的逐年提高,每月800元的生活费已不能满足其生活、教育等各项开支,且吴某收入较高、家庭宽裕,有负担能力,而李某收入微薄,因此吴小某向法院起诉的第一项诉讼请求为要求增加抚养费至2000元。

另外,吴某与李某离婚前长期分居,自双方分居起至2017年5月法院判决双方离婚止,吴某没有与吴小某共同生活,也没有支付分居期间的抚养费。

吴某诉李某离婚纠纷案中，法院判决抚养费是从判决生效之日开始给付，对夫妻分居期间的抚养费没有提及，因此第二项诉讼请求为要求吴某给付分居期间的抚养费。

2. 离婚后损害赔偿纠纷

婚姻关系存续期间，吴某与其他异性存在不正当男女关系，并生育两名子女。夫妻之间互相忠实不仅是传统美德，也是法定义务。吴某婚内出轨并与他人生子的行为导致双方离婚，既伤害了无辜的子女，也败坏了社会风气，有违公序良俗，同时违反了我国法律规定的夫妻之间应当相互忠实的义务。

李某系无过错方，吴某的过错行为导致双方离婚并因此给李某造成了精神上的损害，导致李某至今无法走出抑郁的严重后果。依据《民法典》第 1091 条的规定，有其他重大过错，导致离婚的，无过错方有权请求损害赔偿，该“有其他重大过错”应当包含一方婚内出轨并与他人生子的行为。因此，李某有权主张离婚损害赔偿。

3. 分家析产纠纷

2006 年李某与吴某登记结婚，所住房屋系吴某父母所建并登记在吴某父母名下，2007 年该房被政府拆迁，依据拆迁补偿安置协议书，吴某父母拿到了 5 套安置房和 50 万元拆迁款。李某、吴小某的户口都在老房子里面，两人均属于拆迁安置人口，母女二人多年来也一直居住在其中一套拆迁安置房中。2017 年离婚案件对房屋拆迁安置利益没有处理。吴某及其父母均认为被拆迁的房产与李某和吴小某无关，无权分割 5 套安置房和拆迁款，但根据扬州市拆迁安置政策，李某应享有部分拆迁安置利益。

焦点难点

1. 抚养费纠纷

本案焦点在于原告吴小某主张增加抚养费至每月 2000 元的理由是否成立以及吴某是否应当支付分居期间的抚养费。

吴小某提供了订单、发票、借条等证据，证明物价上涨、学业要求的增加使得每年的消费增加，原来的抚养费标准已经不能满足其生活学习需要。吴某则主张自己每月收入并不高，且再婚后已另组家庭并生育了子女，生活压力大，不同意增加抚养费。

李某与吴某夫妻分居期间，吴某没有和吴小某共同生活，吴小某的学费、生活费等各种开销都由李某一个人承担，其间吴某既没有看望过吴小某，也没有支付抚养费。当时李某没有收入，生活开销来自借款。离婚诉讼中李某没有主张分居期间的抚养费，但是主张了分居期间的夫妻共同债务，该主张在离婚案件中被法院驳回。因该债务主要用于吴小某生活和教育支出，如果吴某共同承担了债务，吴小某就不会主张分居期间的抚养费；如果吴某承担了分居期间的抚养费，李某也不会主张夫妻共同债务。但是迄今为止，吴某既没有承担分居期间的债务，也没有支付分居期间的抚养费。吴某则主张分居期间已经支付了抚养费，因此不同意支付分居期间的抚养费。

2. 离婚后损害赔偿纠纷

本案焦点在于李某的起诉有没有超出诉讼时效。

《最高人民法院关于适用〈中华人民共和国民法典〉婚姻家庭编的解释(一)》取消了主张离婚后损害赔偿只能在一年内行使的限制性规定，行使权利的诉讼时效应适用普通时效 3 年。在 2017 年的离婚诉讼中，李某对吴某的出轨行为虽有所怀疑，但是吴某一直予以否认，直到在吴小某诉吴某抚养费纠纷案中，吴某自认已经重组家庭并生育了子女，后经代理人申请法院调查令调查，李某才明确地知道吴某存在婚内与他人生子的过错行为，因此李某在 2021 年起诉吴某要求离婚后损害赔偿并没有超出诉讼时效。吴某则主张离婚至今已经 4 年，李某主张离婚后损害赔偿已经超过诉讼时效，因此不同意支付离婚后损害赔偿。

3. 分家析产纠纷

本案焦点问题在于李某及吴小某是否享有拆迁安置利益及其计算标准。

集体土地上建造的房屋拆迁安置补偿一般分为两部分：一部分是对房屋本身价值的补偿，因案涉房屋系吴某父母出资建造并登记在吴某父母名下，因此该部分利益属于吴某父母所有。另一部分是对房屋中居住的人的安置费及其他拆迁补偿费，该部分钱款并不是原有房屋的转化，应当作为家庭共同财产进行分割。代理人向征收拆迁实施单位调取相关拆迁安置协议，并结合2007年扬州市拆迁补偿安置政策认定，李某及吴小某虽然不是被拆迁房屋的所有权人，但其作为被征收家庭户的成员，享有相应的拆迁人口安置权益，李某与吴某离婚后有权请求分割家庭共有财产。代理人据此计算出李某及吴小某享有的拆迁安置利益为20万元左右。吴某及其父母认为，吴某的父母是被拆迁房屋的所有权人，李某及吴小某不享有拆迁安置利益。

裁判观点

1. 抚养费纠纷

一审法院认为：

李某陈述分居期间抚养吴小某的费用是其向亲戚朋友借的，故要求吴某给付抚养费22,400元，但被告吴某陈述此期间小孩抚养费是其支付的，因原告未能提供充分证据证明吴某没有支付此期间的抚养费，故对原告的该诉讼请求该院不予以支持。

虽然2017年7月28日法院对吴某应承担吴小某抚养费作出判决，但随着原告年龄增长及物价上涨，原告的生活支出等费用不断增加，故原告要求吴某增加生活费于法有据。该院综合考量原告的实际生活所需及该地区基本生活标准等因素，酌定被告每月应给付原告的生活费为1000元。

一审法院判决：(1)被告吴某自2020年11月起每月给付原告吴小某生活费1000元。(2)驳回原告吴小某的其他诉讼请求。

吴小某不服一审法院判决，向扬州市中级人民法院提起上诉。

二审法院经审理后认为：

婚姻关系存续期间,父母双方或一方拒不履行抚养子女义务,未成年或不能独立生活的子女请求支付抚养费的,人民法院应予以支持,有证据证明已支付的除外。本案存在分居事实且吴小某的法定代理人与被上诉人在离婚诉讼中均陈述在此期间被上诉人有一段时间未支付上诉人抚养费的情形,故上诉人要求被上诉人支付婚姻关系存续期间抚养费的诉讼请求应当得到支持。

另外,一审期间李某曾明确表示上述债务与吴某无关,由自己一人承担。因此离婚诉讼中李某主张的夫妻共同债务被法院驳回并不影响吴某对吴小某的法定抚养义务。

关于上诉人提出以每月 800 元作为计算其主张 2015 年 1 月至 2017 年 4 月的抚养费标准的请求,经查,根据上诉人提供的相关费用票据并结合当时当地的生活实际情况,该标准合理,该院予以支持。

关于上诉人提出将 2015 年 1 月至 2017 年 4 月作为计算抚养费的起止时间的请求,经查,被上诉人在 2016 年 6 月 14 日第一次离婚诉讼的庭审笔录中陈述"我从春节后没有给过钱""最后一次转账是春节前转的,还给小孩没(买)了一身衣服"。上诉人的法定代理人在当庭亦陈述"原告以前都是给我现金,原告春节前没有转账"。从陈述可以看出双方对于 2016 年春节前被上诉人支付了抚养费没有争议,虽然被上诉人陈述其是通过转账的方式支付了抚养费,但到目前为止被上诉人均未向法院提供其已经支付的证据,故应由被上诉人承担举证不能的不利后果,上诉人以 2017 年 4 月作为计算婚内分居要求被上诉人支付抚养费的终止时间有事实和法律依据,该院予以采纳。

综上所述,该院确定将 2016 年 2 月至 2017 年 4 月(共计 15 个月)作为计算被上诉人支付婚内抚养费的期间,上诉人的部分上诉理由成立,该院予以支持。

二审法院判决:(1)维持江苏省扬州经济技术开发区人民法院〔2021〕苏 1091 民初 151 号民事判决书第一项及诉讼费承担部分;(2)撤销江苏省扬州

经济技术开发区人民法院〔2021〕苏 1091 民初 151 号民事判决书第二项；(3)被上诉人吴某应于本判决生效之日起 10 日内给付上诉人吴小某 2016 年 2 月至 2017 年 4 月的抚养费 12,000 元(800 元/月 ×15 个月)。

本案历经一审、二审，现已结案，吴小某要求增加抚养费以及要求吴某支付分居期间抚养费的诉讼请求均得到了法院的支持，本案被江苏省律师协会评为“2021 年度依法维护未成年人权益优秀案例”。

2. 离婚后损害赔偿纠纷

经代理人调查取证发现，与吴某在同一户口簿上的吴小某出生于吴某和李某婚姻关系存续期间，另一名子女受孕的时间也在吴某和李某婚姻关系存续期间，结合吴某在抚养费纠纷案中的陈述，吴某承认了其婚内出轨并生育子女的事实，并同意支付 5 万元精神损害赔偿金。本案经调解结案，李某已经拿到了精神损害赔偿金 5 万元。

3. 分家析产纠纷

登记在吴某父母名下宅基地房屋被拆迁，代理人去扬州市档案馆调取了已废止的 2007 年的房屋拆迁管理文件，去开发区拆迁管理办公室调取了案涉房屋的拆迁补偿安置协议书，据此，作为拆迁安置对象的李某及吴小某可以享有部分拆迁安置利益。在证据面前，吴某同意给付李某及吴小某 30 万元拆迁安置补偿款，本案经调解结案，李某已经拿到了 30 万元补偿款。

延展思考

上述系列案件均属于法律援助案件。推行法律援助制度、发展法律援助事业，是构建和谐社会的重要手段，更是历史赋予律师的神圣使命。律师作为法治国家的建设者和推动者，不仅年轻律师要办理法律援助案件，资深律师也应该参与到法律援助案件中，采取与收费案件同样甚至更高的标准，为弱势群体撑起法律的“保护伞”，为构建和谐社会发挥应有的作用。

笔者非常感谢扬州市妇联以及扬州市法律援助中心的信任。办理吴小某、李某系列案件虽然工作量比较大，但是能够让当事人感受到国家政策对弱势群体的关怀、感受到社会没有抛弃他们、体会到社会大家庭的关怀和温暖，笔者感到无比欣慰。这是律师职业带来的荣誉感和价值感。

律师简介

卢启华律师，2000 年通过律师职业资格考试，本案办理期间系北京市盈科(扬州)律师事务所执业律师，婚姻家事与财富管理法律事务部主任，常年担任扬州市妇联法律顾问，扬州市人大常委会代表建议办理工作第三方评估专家，《民法典》宣讲团宣讲员，扬州电台 985《与法同行》栏目公益律师团成员。热心公益，非常关注对妇女儿童以及老年人的权益保护，多次被评为盈科全国公益律师。2022 年 1 月，加入北京盈科(上海)律师事务所执业至今，主要执业领域为婚姻家事和房地产纠纷。

婚前“给”明星妻子的千万元巨款，离婚时能返还吗

——解读许先生诉柯女士离婚纠纷案

崔丹萍

案情简介

许先生年近60岁,2018年妻子因车祸去世。身边朋友有感于许先生丧偶单身,生活中无一知心人,也担心许先生的日常生活无人照料,于是介绍许先生与某知名女演员柯女士相识。两人相见后,都被彼此深深吸引。许先生喜欢柯女士容颜姣好、优雅知性,柯女士认为许先生彬彬有礼、谈吐不凡,两人在一来一往的交流中,都认为对方是未来生活中相伴的不错人选。相识不到两个月,两人就迅速坠入爱河,开始为未来的婚姻生活做准备。

对于已经经历过婚姻的二人来说,谈婚论嫁不免就需要先谈一些实质性的问题,比如婚房。两人迅速开始找房、看房。但是在寸土寸金的深圳,想要买一套能配上柯女士“明星”身份的房子,又谈何容易呢！其实,许先生、柯女士都有自己的房子。许先生在深圳有三套房产,但是房产面积都不是特别大。柯女士看完之后,觉得这三套房产无论从面积还是地理位置等方面,都不符合其对生活品质的追求,柯女士坚决认为这三套房子都不适合作为婚房。柯女士在深圳也有两套房子,其中一套由柯女士的儿子居住;另一套房产A,则是面积超过300平方米的柯女士现在的住房。在许先生提出暂时难以在深圳一次性付款买到符合柯女士要求的“别墅婚房”后,柯女士提出:鉴于柯女士其实也住习惯了现在的住房,双方婚后可以继续住在房

产A,但是许先生需要支付房产一半的对价,付完相应的款项之后,柯女士可以把房产A 50%的产权登记至许先生的名下。许先生听后十分感动,认为柯女士真心为自己着想,便迅速同意了柯女士的方案,并且两人于当天就商议好了房产A一半的对价是1800万元。

自此,双方开始正式为共同生活做准备,谁也没有再明确、主动提及房产的事情。许先生以双方已经商议好的1800万元为标准,逐步给柯女士转钱,但转账时未曾说明用途,只要有空余的钱或者柯女士说要用钱,许先生就会转。除此之外,许先生每个月给柯女士5万元用于家庭生活的支出,平时还常常赠送柯女士如名牌包、钻戒等礼物,为柯女士国外旅游等支付高昂的费用,等等。很快,通过贷款等方式,许先生凑够了钱,总计转了1800万元给柯女士,许先生认为房产加名的钱已全部支付完毕,也就不再继续支付。

半年之后,两人顺理成章结了婚。但是婚后,柯女士迟迟不提及房产A的加名之事。一开始,许先生基于新婚,也不好意思主动提及此事。但是万万没有想到的是,柯女士开始以各种理由继续要许先生转款,先是说婚前转的钱不能算是房产加名的钱,那是许先生为追求柯女士、希望与柯女士顺利结婚才转的款项,房产加名的相关款项要婚后开始转的才算;后又以房产需要装修等为由,要求许先生继续支付房产的装修款,等等。许先生实在无力承担这些款项,开始与柯女士商议,希望能遵守婚前的约定,将其名字加至房产A,但是柯女士全部予以拒绝,甚至开始找理由称许先生有各种各样的问题,不愿意再继续照顾许先生的生活起居,并带着保姆离家出走,让许先生的生活一度陷入无人照看的境地。

自此,两人屡生嫌隙,许先生经过深思熟虑之后找到律师,希望通过诉讼解除与柯女士的婚姻关系。两人结婚时间较短,不涉及其他太多财产分割的问题,但是许先生于婚前转给柯女士的款项该如何定性、柯女士是否应当予以返还成为难题。许先生亟待律师能给予帮助。

律师策略

本案的争议焦点之一是柯女士是否应向许先生返还"付款加名"款项以及款项数额的问题。

代理律师首先与许先生进行了多次面谈和深入的沟通,了解到在双方婚前、婚后，许先生对柯女士的款项支出包括“房款”、礼物购买、生活费用等不同的用途，为此，代理律师指导、陪同许先生收集和整理二人交往及婚姻期间许先生支出的款项金额、款项用途的相关证据，包括银行流水、微信账单、微信/短信聊天记录等。同时，基于柯女士知名演员的身份，代理律师建议、指导、协助许先生主动与柯女士进行沟通，了解柯女士对离婚、相关款项返还的态度等。在确定柯女士同意离婚但坚决不同意返还任何款项的情况下，代理律师建议许先生启动离婚诉讼，并在诉讼前，根据许先生提供的相关证据，对双方之间的账目往来根据不同的用途进行了详细的核算和分类。

一审中，双方对于曾协商“付款加名”和许先生支付给柯女士的款项总额两个事项均无异议，但双方对于协商确定“付款加名”事项的时间发生争议，许先生主张商议确定此事是在双方认识后不久的2018年年底，柯女士主张是在双方登记结婚不久前的2019年11月，但双方均没有证据可以提供。一审法院根据日常生活习惯等，简单依据柯女士自认的时间和双方曾打算于2019年6月底登记结婚这一事实，认定在2019年6月之后的款项才属于“付款加名”款项，仅支持许先生返还200余万元款项的诉求。

代理律师收到一审判决后，及时对判决进行仔细的研判和分析，并为许先生仔细指出一审判决的不合理之处、二审的风险及预判结果，建议许先生提起上诉，并继续代理许先生的二审程序。

二审中，代理律师协助许先生继续积极寻找证据，并在二审中进行了证人证言证据的补足。最终，二审法官采纳了代理律师的意见，综合一审、二审相关证据，根据柯女士主张巨额赠与没有证据且款项并无备注，双方之间仍有其他生活费用、礼物花销的支出等事实，以及本案的证人证言、微信聊天记录等相关证据，认定许先生婚前支付给柯女士的上千万元具有“付款加名”的特定用途，即许先生由此取得案涉房产共有权，在现如今双方离婚、确已无法实现产权共有目的的情况下，柯女士应当就该款项予以返还。许先生的诉求全部得到支持。

工作成果摘录

二审代理词（节选）

一、许先生在本案主张的每笔款项均与"付款加名"有关。这一事实不容置疑。因此,柯女士应向许先生返还的款项共计应为人民币1800万元

一审判决认定:双方均认可存在"付款加名"的事实。对该事实,许先生、柯女士二审均没有异议。

事实上,许先生主张总计1800万元中的每一笔款项均与"付款加名"息息相关,各笔款项之间是不可分割、不应区别看待的同一性质关系。对于这一事实,主要体现在:

1. 双方关于确认"付款加名"的聊天记录(一审许先生证据×)、柯女士亲笔手写的转账统计清单(一审许先生证据××)、柯女士"算在你应给我的总数里了"的微信(一审许先生证据××)……足以认定,许先生主张的每笔款项均与"付款加名"有关,并未区分。

2. 在一审许先生提交的证据××、2021年1月的微信聊天记录里,柯女士给许先生发送的消息里有"80万元算在你应给我的总数里了"。所谓"总数",就是双方在2021年1月之前一定确定了一个总数,因此才会出现这样的回答。在一审、二审中,法官均要求柯女士解释"总数"的意义。一审时,柯女士含糊其词,没有对该"总数"的真实意义作出合理解释和回应。二审询问中,柯女士回复称"因为当时装修……"[本案二审调查询问笔录(以下简称笔录)第×页],即柯女士称"总数"是装修用的钱。但事实是,装修是发生在2021年9月的事情,该时间相关的事实可以详见柯女士一审的民事答辩状第××页。因此,在"总数"的所指上,柯女士说了谎,作出与自己答辩状中所述内容相悖的描述,陈述完全不实。

这里的"总数"是本案关键的事实,是双方对于"付款加名"事项的进展沟通。柯女士在二审中对"总数"作虚假陈述的这一行为,足以说明本案中"总

数"确实就是对应"付款加名"的已付款总额,只有这样解释,才能将本案一审、二审所有证据和事实逻辑全部解释通顺。本案所涉转款,均是"付款加名"对应款项。

3.在许先生一审提交的证据×"柯女士手写转账统计清单"中,柯女士清楚地统计了许先生转账给她的总额"16,882,000元加一百万元"。柯女士手写统计的"总额",就是对应"付款加名"的已付款总额,与前述第2点的"总数"的真实意义相对应。该统计总额的行为,是柯女士对"付款加名"一事的进一步确认,体现的是双方对该事项的进展程度沟通。

柯女士庭上辩称该手写统计清单,是因为许先生有两笔账找不到,为了帮许先生理账而制作(笔录第×页),这明显不符合常理。如果是为了查找某一笔或两笔账,那么只需要写清楚要查找的一两笔款项的时间、金额、账户即可清晰查看、核对,而无须把所有的账目都列出来。再退一步讲,即使是把账目一笔笔都列出来,也完全不需要把款项逐笔进行相加做"总额"的统计。需要统计总额,往往用途就是算清楚往来款项的"总数",只有这样的解释才符合一般的生活常理。柯女士的说辞不具备可信度。

4.包含一审判决确定柯女士返还许先生的200余万元、许先生转给柯×的102万元在内,本案所涉的每笔款项性质并无不同,柯女士都应当予以返还。

(1)如前所述,柯女士微信中"总数"的表述、二审庭审中关于"总数"的虚假陈述、手写账单中"总额"的统计,均足以认定案涉的每笔款项,包括一审已经明确判决返还许先生的200余万元、许先生转给柯×的102万元,都是一个整体,具有相同的用途、意图和性质。

(2)本案一审、二审过程中,柯女士对于案涉的全部1800万元金额,均未作任何区分性描述,而是一概否认,认为全部属于赠与。该陈述表明,柯女士认为案涉每一笔款项的性质都是一样的,并无任何区别。

(3)关于许先生转给柯×的102万元,从常理推测也应当是依据柯女士的指示转账，实际的收款人就是柯女士。如前面第 2 小项的内容所述，柯女士在一审、二审中对案涉 1800 万元全部都认为是赠与，也就是说，柯女士认为许先生转给柯×的 102 万元也是对她的赠与，与其他的款项并无不同。因此，可以推定，许先生转给柯×的 102 万元，就是按照柯女士的指示转账，柯女士对此明知。

(4)许先生对转款金额的举证和统计，是基于各个银行流水进行的一一对应(详见许先生一审证据××的统计表备注)，非常细致严谨，总金额为 1800 万元。对每一笔款项及总金额，柯女士未提出任何异议。二审中柯女士也确认收到许先生统计表中的款项。因此，应当认定，柯女士应当返还许先生的款项总金额为 1800 万元。

综上所述，双方均认可案涉 1800 万元，是无须区分、同一性质的款项。再结合前述第 1、2 点的内容，许先生所付的款项就是“付款加名”的用途，如今双方离婚，付款目的已经无法实现，柯女士应将全部款项返还给许先生。

二、关于双方究竟何时确定“付款加名”，实际并不重要，如果非要追问该时间，可以确定就是在双方认识不久之后的 2018 年年底

1. 如前所述，双方实际已存在“付款加名”以及进行过相应款项统计、付款进展沟通的事实，足以推定柯女士也认可这些款项属于房产加名相关的款项。因此，无论双方实际确定“付款加名”的时间为何时，都不影响双方已经明确确认这些款项的性质、用途。现双方诉讼离婚，“付款加名”的约定无法实现，故柯女士返还许先生“付款加名”款项是理所应当的。

2. 如果非要追问该时间，结合常理和现有证据、二审证人证言，也应当确定是 2018 年年底。

本案二审法庭询问中：

(1)证人郑×在回复法官询问的时候明确表示，对于柯女士跟郑×说“付款加名”一事的时间“肯定是他俩认识不久”(笔录第×页)、“他俩在一起之后我们就没怎么干涉了”(笔录第×页)。

(2)柯女士询问证人郑×“有关我跟您说加许先生名字时,是否是在2019年11月?”证人称“应该是在那之前,他们认识不久就有谈房子问题……”(笔录第×页)。

以上事实都证明“付款加名”一事,发生在双方认识之后很近的时间内。证人郑×、武××的书面证言(二审证据×、2×)也印证了这一点。

3. 关于双方约定“付款加名”的时间,柯女士的说辞前后反复、逻辑矛盾,其主张不应当予以采纳。

柯女士一审答辩状中称双方没有在2019年6月登记结婚的原因是许先生妻子去世未满1年不好再婚(柯女士一审民事答辩状第×页),在二审答辩状中又称是因许先生无力购房导致原定结婚时间(2019年6月)取消(柯女士二审答辩状第×页)。

柯女士二审中的陈述,无非就是为了让自己“2019年11月之后才商定付款加名”的说辞具有合理性。但一审、二审如此前后不一的表述,恰恰可以说明,柯女士对双方婚姻过程的时间、逻辑都是混乱的,其陈述不可信。

柯女士主张的“付款加名”时间没有提交任何证据,如今,柯女士主张的“2019年11月之后才商定付款加名”的理由也没有可信度、合理性,再结合一审时,柯女士在庭审中对于“付款加名”时间的陈述模棱两可、摇摆不定等这些行为(详见许先生上诉状第二点第3小点),以及本案二审证人郑×提供的证据等事实,足以认定,在许先生主张的2018年12月,双方就已经约定好了“付款加名”一事。本案“付款加名”的起始时间应为2018年12月,柯女士应当就许先生主张的本案全部款项进行返还。

三、柯女士主张本案的款项是赠与,未提供任何证据,且不具备可能性、合理性

1. 所谓“赠与”,至今柯女士未提供任何证据。

2. 本案款项是“互负义务”的。如前面第一点所述,柯女士通过微信聊天中的“总数”、手写转账统计清单中“16,882,000元加一百万元”总额统计的

方式,进一步确认了“付款加名”款,这也说明这些款项是“互负义务”的,不可能是无偿赠与。

3. 许先生的转款不存在赠与的可能性和合理性。如一审证据多项所列,许先生转款共1800万元,其中借款××万元、贷款××万元、个人售房款××万元(详见许先生一审证据×),转账金额不含“520、1314”等特殊意义,没有特定的规律,转账时间也非情人节、柯女士生日、双方感情纪念日等特定或有意义的时间,部分款项由案外人代转或代收,总额超出日常生活及人情交往的范畴……许先生作为一个有一定阅历、婚姻经验的普通人,对于一个刚认识不久的女性,如没有特定、商议好的用途,不可能通过借债、超高额贷款等,无缘无故给对方“赠与”上千万元。这样的逻辑,显然是不符合常理和社会认知的。

4. 对于婚恋期间的花销、赠与礼物等金额,许先生另有其他支出,并未计入本案主张。

5. 即使本案审理至今,柯女士仍坚持本案所有的款项都是赠与,甚至试图通过贬低许先生人品、编造谎言、顾左右而言他地提及双方婚姻期间的日常生活等方式,模糊焦点,降低法庭对许先生的品性评价,这样的行为是不应当被鼓励和支持的。实际上,柯女士至今都不敢直面“付款加名”的事实,无非就是其主张的事实经不起深究和推敲,这也正是柯女士在本案关键事实上心虚的表现。

案件结果

1. 准予双方离婚;

2. 柯女士向许先生返还17,996,000元;

3. 驳回许先生的其他诉讼请求。

典型意义

法律面前人人平等，不管迎娶谁，都不意味着婚前款项理所当然是追求的成本和结婚的条件。实事求是的常理推断，是靠符合正确婚姻观的常理，而非有利于特定资源拥有者的常理。在本案中，不管是一审还是二审，柯女士都不顾事实，始终坚称案涉上千万元的款项是赠与，但是没有任何举证，仅是凭着自己的演员身份，不断声称“娶我不可能是毫无条件的”，以此主张本案的款项无须返还。但实际上，许先生作为朴素的婚姻当事人，除按月支付数万元的生活费外，还会给柯女士赠送昂贵的礼物等，这些许先生并没有在本案中主张返还。在婚恋关系中，赠与的认定应当综合考量双方的实际生活水平、经济能力、赠与行为的合理性等方面，而不是对于有特殊身份的人就理所当然地认定赠与的存在。

律师点评

近年来，随着普法的推广，人们的法律意识逐渐增强，婚恋关系中的“款项”支付也越来越多元化。我们认为，在婚恋中，双方始终都是平等的，并不会因为一方的身份特殊或者有更强的经济能力，就理所应当地将双方之间的款项一概而论地认定为赠与；若双方之间有一方是特定资源的持有方，对于赠与的认定应当更加地慎重。律师在办理这类案件时，应当着重实事求是，对于赠与和非赠与的款项要作明确的区分后相对应进行主张，才更有可能得到法律的支持。

承办律师及团队简介

崔丹萍律师，北京市盈科（深圳）律师事务所合伙人律师、杜芹家族律师团队主办律师。经办的某离婚纠纷案件被评为“广东省律师协会2018年度律师典型案例”、某遗产管理人非诉讼案例被评为“金线非诉影响力奖”（为深圳首例遗产管理人资格公证案例，也是首例由律所担任遗产管理人的案例）。

杜芹家族律师团队专注家事和家族财富管理研究逾10年，承办家事案件和项目超过1000宗，多宗案例为业界首例，获评典型示范案例、经典维权案例。编写的专著《婚姻律师这么做才专业》获评“深圳律师纪念改革开放40周年暨深圳市律师协会成立30周年之最佳论文(专著、专刊)”,是深圳律师办理婚姻家事案件的实务指导书和参考书;自主研发家事“十全十美”系列、财富“八大”系列法律服务产品,获得深圳市律师协会“法律服务产品创新赛”大奖。主编《你必须知道的遗嘱》《非凡家事:盈科婚姻家事经典案例》《拒绝危险关系:婚外情的法律应对》等。

婚外赠与行为无效之诉的注意事项

——配偶赠与第三者财产时如何保障自己的权利

胡　妍

夫妻双方在婚姻关系存续期间所获财产，除有特殊规定外，应为夫妻共同财产。夫妻双方对共同财产有平等的处分权：一方非因日常生活需要处分夫妻共同财产时，应当与另一方协商一致；任何一方均无权单独处分夫妻共同财产。同时，夫妻之间互有忠诚义务；一方对第三者的赠与行为严重破坏了婚姻的忠实义务，违反了公序良俗，也损害了另一方的情感和财产权利。如果夫妻一方私自将共同财产赠与第三者，这种赠与行为应认定为无效，其配偶有权要求受赠人返还。本文重点分享婚外赠与行为无效之诉的注意事项，希望对大家有所帮助。

案情简介

周某与叶某于2014年3月7日登记结婚，二人婚后关系融洽，夫妻和睦，并生育了两个小孩。后因商务应酬，叶某认识了比自己年轻10岁的柳某，二人于2021年1月中旬开始保持婚外不正当男女关系，叶某在此期间多次通过微信转账等方式向柳某赠与了大额钱款，并为柳某购买了衣物、包包、首饰、手表等奢侈品。2021年12月底，周某发现了二人的不正当关系。根据周某事后收集的证据，叶某向柳某微信转账约23万元，为柳某个人购物和二人一起旅游等消费总计约 21 万元。叶某向柳某赠与款项的行为发生在其与周某婚姻关系存续期间,赠与的款项属于夫妻共同财产,而赠与款项亦非因共同生活需要,且未经周某同意,严重侵害了周某的合法权益。同时,前述赠与行为是基于婚外不正当男女关系,有违公序良俗原则。周某向法院提起赠与行为无效之诉,要求法院判决柳某返还叶某赠与的款项约 44 万元及利息。

律师策略

本案中被告柳某户籍所在地为吉林省长春市,而本案原告周某系湖南省长沙市人,按照《民事诉讼法》的相关规定,对公民提起民事诉讼由被告所在地人民法院管辖,周某起诉柳某需要去吉林省长春市某基层人民法院诉讼,这无疑加大了周某的诉讼难度。如何将管辖法院确定为长沙市某基层人民法院,是本案需要解决的第一个问题。

通过分析案情和查阅裁判文书网上的相关案例,笔者确定,本案中周某既可以提起不当得利之诉,也可以提起赠与行为无效之诉,这两类案由在各法院均有审判案例。其中,以不当得利为由提起诉讼,是由发生不当得利的受损人向法院提起,要求受益人返还不当得利,一般诉讼相对方为得利人,其负有返还不当得利的义务,配偶一方可以作为第三人参与诉讼。本案中,不当得利之诉的原告为周某,被告为柳某,第三人为叶某,管辖法院为被告柳某住所地长春市某基层人民法院。如果周某作为原告提起赠与行为无效之诉,那么可将赠与人与被赠与人同时列为被告,而周某的配偶叶某系长沙市人,以被告叶某所在地法院即长沙市某基层人民法院为管辖法院,符合法律规定,也降低了周某诉讼的成本与难度。因此,本案以周某为原告,柳某、叶某二人为被告,向长沙市某基层人民法院提起了赠与行为无效之诉。

叶某与柳某的婚外情被周某发现后,周某虽然内心非常痛苦,但考虑到子女及现实情况,并不想马上与叶某离婚,而是希望能在财产上给予自己最大的保障,故咨询笔者建议。

笔者通过了解案情并与周某沟通后发现,因基于对叶某的信任,周某对夫妻共同财产的情况并不十分清楚。在这种情况下,笔者建议周某,基于这次事件发生后叶某对配偶、子女及整个家庭的补偿心理,要求叶某写下保证书,固定其出轨的事实;将夫妻共同财产一一进行梳理,列出财产清单;根据财产现状签订夫妻财产约定,将共同财产中大部分约定为周某一方的个人财产,并且对于需要办理财产交付或不动产过户的,相应完成交付和过户登记手续,并且对未来财产的制度和约定的不可撤销性予以明确。以上措施可在财产上补偿周某,缓和矛盾,使婚姻存续的同时方便周某取证。《民法典》第1065条明确"夫妻约定财产制",男女双方可以约定婚姻关系存续期间所得的财产以及婚前财产归各自所有、共同所有或者"部分各自所有,部分共同所有"。夫妻对婚姻关系存续期间所得的财产以及婚前财产的约定,对双方均具有法律约束力。

因此,在向法院提起赠与行为无效之诉收集赠与证据的同时,笔者为周某拟定了夫妻财产约定,组织双方进行了签署。

在庭审过程中,柳某表示自己不清楚叶某的婚姻情况,自己也是受害人,接受叶某的金钱与礼物属于善意取得,不应返还。另柳某在庭审过程中对叶某的部分赠与行为予以否认,表示除自己外,叶某同时与其他两名女性保持不正当男女关系,部分购物是对其他女性的赠与,与自己无关,同时提交了相应的聊天记录予以佐证。为此,在处理本案过程中,笔者着重关注柳某对叶某婚姻情况是否知情、柳某接受叶某赠与是否属于善意取得、叶某的赠与行为是否针对柳某本人的相关证据进行收集、梳理与提交工作。

在查阅了叶某与柳某近百张聊天记录截屏、数十小时的聊天记录录屏的基础上,笔者从中发现了以下证据:2021年2月,柳某向叶某发送微信"你啥时候带你儿子让我玩玩",很显然柳某在刚和叶某认识时就已知晓叶某有儿子(已婚)的事实。柳某明知叶某有配偶而接受大额赠与属于非善意取得,周某有权诉请柳某返还赠与款项。另外,为证实叶某向柳某的赠与数额,法院根据周某的申请，向财付通支付科技有限公司调取了叶某实名认证的微信号对应财付通账户自2021年1月1日至12月31日的交易明细，以及与柳某有关的微信支付转账电子凭证；为证明叶某为柳某消费的金额，周某提交了叶某出资为柳某购买机票、火车票，预订酒店，交纳话费、房租的凭证。最终，法院认可了柳某知晓叶某的婚姻情况、接受叶某赠与并非善意取得、赠与所得的财产应当予以返还。

工作成果摘录

代理词（节选）

一、被告柳某知晓被告叶某的家庭情况

在双方的聊天记录中，被告柳某多次提及被告叶某的老婆、儿子。由此可见，被告柳某对被告叶某的家庭情况是知情的，且在这种情况下依然与其保持不正当男女关系，此行为有违公序良俗，也给原告造成了极大的心理伤害。

二、被告叶某向被告柳某的赠与行为无效，被告柳某应当返还全部赠与及消费款项

自2021年1月至12月，被告叶某向被告柳某总共转账39次，合计金额229,515.13元；为被告柳某购物、订酒店、交话费、交房租等共计消费209,784.1元。以上款项，有向财付通支付科技有限公司调取的交易明细予以佐证，总计金额439,299.23元。具体如下：

（一）原告提交的以被告柳某名义产生的预订酒店、机票、火车票和交纳电话费的消费部分，应认定为被告叶某对被告柳某的赠与，被告柳某应当全部返还，该部分费用合计7743元。

（二）关于2021年10月21日在长沙国金中心DIOR专卖店所购物品，系被告叶某对被告柳某的赠与。被告叶某当庭予以认可，并能详细描述当时购

物的情形。同时从被告柳某的身份信息可知，2022年10月22日系农历的9月17日，是被告柳某生日，在生日前一天柳某要求叶某送自己一份生日礼物，即产生了该笔消费。该笔消费应认定为对被告柳某的赠与，被告柳某应当全部返还，该部分费用合计41,500元。

（三）与被告叶某交往期间，被告柳某一直居住在阳光小区，从被告叶某的微信支付明细中可以看到，尾号为988的微信频繁支付阳光小区停车费，可见，二人关系密切且长时间在一起相处，与微信聊天记录相互印证。这与被告柳某在庭审过程中主张的叶某同时与其他女性交往相违背。2021年8月31日，向阳光小区管家支付的1480元系被告叶某为柳某住房所支出的费用。

（四）2021年7月15日13:10，被告叶某为被告柳某在同程旅行中购买了机票（已提交证据证实）；当天17:54，支付阳光小区停车费；当天21:58，在小区附近啵咔服饰（女装）消费8966元；次日18:37，再次支付阳光小区停车费。由此可见，在这近29小时中，被告叶某和被告柳某一直在一起，该项消费很显然是对被告柳某的赠与，被告柳某应当全部返还，该部分费用合计8966元。

（五）2021年6月7日13:50，支付阳光小区停车费；当天17:14，在丝芙兰（女性护肤品）消费8243元；次日13:43再次支付阳光小区停车费离开。由此可见，在这24小时中，被告叶某和被告柳某一直在一起，该项消费很显然是对被告柳某的赠与，被告柳某应当全部返还，该部分费用合计8243元。

（六）2021年5月19日17:13，被告叶某在+YAN（女装）消费5054元，于当日18:58支付阳光小区停车费离开。由此可见，在这1小时中，被告叶某和被告柳某一直在一起，该笔消费系对被告柳某的赠与，被告柳某应当返还，该部分费用合计5054元。

（七）2021年4月28日16:33，在国金中心吉米周（女鞋）店，被告叶某为被告柳某消费6990元；当天16:51，在NV5芙蓉区店消费27,600元，叶某当庭均予以认可，并能描述具体细节，应当认定为对被告柳某的赠与，被告柳某应当全部返还，该部分费用合计34,590元。

以上合计107,576元。

被告叶某对被告柳某以上赠与款项及消费行为,发生在被告叶某与原告婚姻关系存续期间,所涉款项属于夫妻共同财产,属于原告与被告叶某共同共有。被告叶某未经原告同意擅自将款项赠与被告柳某,违反了法律有关夫妻忠诚及夫妻共同财产处置的规定。被告柳某明知被告叶某有配偶而接受大额赠与,不属于善意取得。根据《民法典》的相关规定,被告叶某向被告柳某的赠与行为无效,被告柳某应当返还全部赠与及消费款项。

以上代理意见,请法院予以考虑并采纳。

案件结果

本案一审法院认为被告柳某接受被告叶某的赠与并非善意取得,有损原告周某的合法权益,应当予以返还。法院组织原、被告双方进行调解,确认被告柳某返还原告周某150,000元,自签字之日起3日内支付50,000元,30日内支付100,000元,案件受理费由柳某承担,如未按时足额支付上述任一款项,原告周某有权就全部未付款项申请强制执行。

典型意义

本案庭审时周某和叶某的婚姻关系仍存续,且在此之前双方并未约定婚姻存续期间的财产归各自所有,故叶某名下的存款也应认定为其与周某的夫妻共同财产。《民法典》第1062条第2款规定,夫妻对共同财产有平等的处理权。叶某未经周某同意,将其款项无偿赠与与其有情人关系的柳某,违反社会公序良俗,依照《民法典》第143条第3款的规定,叶某的赠与行为属于无效的法律行为。《民法典》第157条规定,民事法律行为无效后,行为人因该行为取得的财产应当予以返还。然而,对于婚外赠与行为无效之诉,如果实施赠与的一方不予配合,则往往很难收集到足够的证据材料来证明赠与的具体数额。本案收集证据的时间、内容、获取方式等,均对今后婚外赠与行为无效纠纷的处理具有典型的示范意义。

此外,周某与叶某的婚姻因叶某婚外赠与行为而遭遇危机,但双方都不愿意直接离婚。在周某不能下定决心给予对方机会的情况下，查清楚夫妻共同财产的数额，签署《夫妻财产约定》，达到分割目前夫妻共同财产的目的，并在约定中将财产分割适当地向无过错方周某倾斜，以此来打消双方顾虑，缓和夫妻矛盾，创造收集证据的时间。所以，本案中有关夫妻财产约定的拟定时机、程序以及与叶某的沟通方式，也对今后同类案件的处理具有指导性意义。

律师点评

关于婚外赠与行为无效的法律规定主要集中在《民法典》第 143 条第 3 款、第 157 条、第 1062 条第 2 款。上述条文规定了无效赠与行为的情形及法律后果。关于夫妻财产制度相关内容的法律规定主要集中在《民法典》第 1062 条、第 1063 条、第 1065 条。从法律规定来看，夫妻可将婚前财产及婚后共同财产作各种形式的约定，以改变财产的归属，甚至可以改变整个夫妻财产制度，这种改变夫妻财产制度和财产性质的重大法律事件，对夫妻双方的财产利益具有重大影响。

对于婚外赠与行为无效案件的处理，如何证明配偶一方与婚外异性存在不正当的男女关系、婚外异性是否善意取得、赠与款项应否返还、赠与数额如何计算是此类案件胜诉与否的关键。而这一系列证据大多掌握在赠与人和受赠人手上，赠与人的配偶如果错过了最佳的取证时间，就会导致举证不能而得不到法院的支持。笔者认为，处理家事案件的律师，除了需要过硬的法律功底外，更要有生活智慧与人生阅历。通常情况下，夫妻一方在知晓另一方与婚外异性存在不正当男女关系并向其赠与大额财物时，都无法理性面对，容易做出过激的行为，或者直接提出离婚，最终导致因事先准备不足，落得人财两空的境地。为了防止此类风险的发生，笔者建议，在证据未完善前，要尽量避免矛盾的激化，应结合自身的诉求固定证据，借助法律工具，维护自身的合法权益。

律师简介

胡妍律师，北京盈科（长沙）律师事务所婚姻家事法律事务部副主任，长沙市芙蓉区社会观护员。执业 13 年，擅长处理婚姻家庭诉讼纠纷、私人财富传承和家事非诉讼业务。

被继承人多重身份、复杂家庭结构下巨额遗产分割

——4 个身份、2 个妻子、15 个继承人、1 亿元资产的经典继承案

杜　芹　曹梦珊

案情简介

欧阳姐妹(欧阳音、欧阳菲)的父亲叫欧阳季(曾用名欧阳锦、欧阳劲),其生前有过多段婚姻。1970 年,父亲与第一任妻子林仪结婚,生育了包括欧阳姐妹在内的 5 个子女,分别是欧阳坚、欧阳音、欧阳菲、欧阳小花、欧阳小红。母亲林仪于 1989 年病逝。1991 年,父亲与第二任妻子(现任妻子程桦)登记结婚,生育了 4 个子女,分别是欧阳勇、欧阳小青、欧阳小梅、欧阳小燕。欧阳姐妹自亲生母亲林仪去世后,就跟随父亲、继母程桦一起生活,彼此关系还可以,与一众亲兄弟姐妹关系一般。父亲与程桦结婚后,推测自 1992 年开始,就与情人潘梦关系十分密切,先后共生育了 3 个子女,分别是欧阳小芳、欧阳雄贵、欧阳雄富。父亲与潘梦经常在一起生活,基本处于两个家庭来回跑的情况。

父亲生前共计有 4 个身份(其中两个重名)。第一个“欧阳季”(A 身份),父亲去世后,继母程桦办理了这个身份的户籍注销;第二个“欧阳锦”(深圳户籍,B 身份),父亲去世后,由欧阳坚办理了注销;第三个“欧阳锦”(潮汕户籍,C 身份),在父亲去世前 2 个月,因被公安机关查到涉嫌双重户籍而被注销,但在注销的档案中,未能显示与这个身份冲突的身份具体指哪一个;第四个“欧阳劲”(D 身份),系在查询父亲位于老家的某处房产时,从登记的房产证书上发现的新身份,该身份的身份证号码与“欧阳锦”(C 身份)

一致,但名字为“欧阳劲”(D 身份),后经调查,该名字及身份证号码并无实际的户籍资料。

父亲与继母程桦婚姻期间创办了多家公司,在深圳、广州、上海、云南、海南等地拥有多处房产,资产丰厚,父亲不同身份下登记有不同的资产。继母程桦名下也有多处房产。欧阳家族是传统潮汕家族,父亲思想相对保守,比较重男轻女。因此,多家公司、房产等由两个大儿子欧阳坚、欧阳勇实际掌管。

父亲因直肠癌医治无效于 2015 年 9 月去世。父亲去世时,这些兄弟姐妹们,除欧阳雄富还在读高中外,其他人均已成年;欧阳姐妹的奶奶,即父亲的母亲,也还在世。

父亲去世后,各方提出父亲遗产分配事宜,孰料欧阳勇坚称父亲生前早就说过把财产留给自己,并交给自己控制和打理。这些财产自然就属于自己一个人所有,跟其他任何人无关,更提出家族财产素来传男不传女。为此,欧阳姐妹和欧阳勇还发生过肢体冲突,经亲戚多方调和,欧阳勇仍固执己见。

欧阳姐妹越想越气,父亲生前对女儿们亦极为宠爱,若非病情突然恶化来不及交代,也不会一点儿财产都不分给女儿们。姐妹们也仅仅要求一小部分份额,并未要求一定要均分。但兄弟坚决不让步,更罔顾兄弟姐妹情谊大打出手,无奈只得通过法律途径解决。

于是,欧阳姐妹联手找到律师,希望律师通过诉讼,依法为自己争取应得的遗产。但是,摆在欧阳姐妹和律师面前的问题复杂、困难重重:欧阳姐妹没有任何关于父亲死亡和遗产范围的资料,死亡事实和遗产范围如何查明?父亲多重身份如何突破?欧阳姐妹继承人身份如何确定?父亲是否留有遗嘱?亟须律师拨云见日。

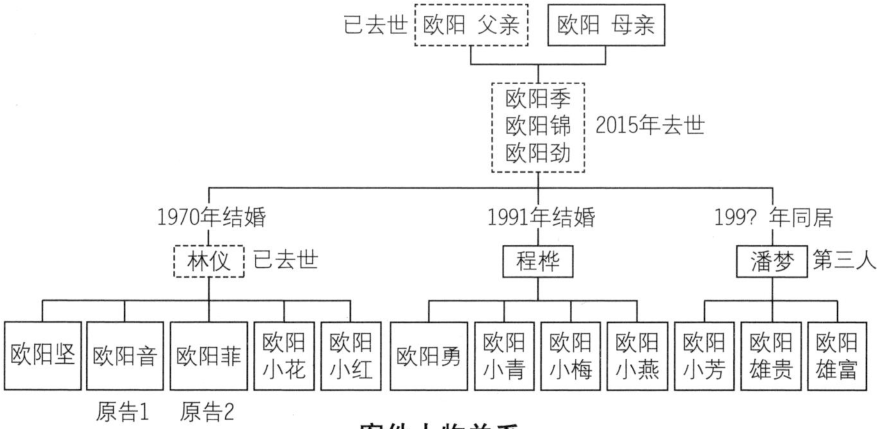

案件人物关系

办案策略及律师工作

(一)查询死亡、身份、遗产基本信息,突破立案障碍。

苦于欧阳姐妹无法掌握父亲的死亡信息及遗产信息,以及各继承人的身份信息,律师协助欧阳姐妹收集证据,以使本案突破立案审核难关:

1. 立案前,前往派出所调取各继承人的身份信息。由于欧阳姐妹并未掌握父亲的死亡医学证明或火化证明,故指导欧阳姐妹提供父亲追悼会的相关照片、视频资料以及父亲墓碑及灵位等相关资料,以证明父亲去世的事实。

2. 立案后,联系法院开具相关的调查令。律师到医院、火葬场、派出所调取父亲各身份的户籍资料、死亡医学证明或火化证明,以及各继承人与父亲的亲属关系资料。同时,到各地调取父亲及配偶程桦名下的所有房产、银行存款及明细等财产信息。

(二)正式进入审理流程后,本案才陆续遇到了更多、更大、更复杂的法律问题。

1. 父亲拥有多重身份,如何认定是同一人?

(1)一审驳回起诉,身份认定陷入死循环。

父亲原籍所在地居委会及派出所出具有“欧阳季”(A 身份)及“欧阳锦”(B 身份)系同一人的证明,各方当事人均确认父亲四个身份是同一人,也承认彼此作为父亲配偶(潘梦除外)、子女的身份。然而,一审法院以“被继承人有三个不同的身份证号码,则只有一个身份是合法的,另外两个属于虚假身份。现由于公安机关一直未回函关于被继承人身份情况,当事人也无法提交公安机关出具的关于被继承人各身份统一证明,故法院亦无法核实哪个属于合法身份。如果直接对各身份名下遗产进行处分,相当于对另外两个虚假身份进行司法确认,已超出法院行使审判权的范围”为由,驳回欧阳姐妹的起诉。当欧阳姐妹在律师指导下与公安机关联络确认该事时,公安机关则认为,父亲的各身份都已经注销,且是由不同人以不同身份来注销的,故无法再出具各身份系同一人的证明。

故而,案件陷入了死循环。律师认为,该结果实属不公,故毅然代理欧阳姐妹向二审法院提起上诉。

(2)二审发回重审,巧借鉴定破循环。

律师深入研究相关法律规定及类似判例,向二审法院提交了详尽全面的上诉状及类案判例。幸而,二审法院认为,公民拥有多个身份证违反的是行政法规,并不影响公民民事法律行为的法律效力。本案实体处理不属于司法确认,故指令原审法院重审。

二审发回重审后,律师就父亲多重身份认定问题,多次与主审法官探讨处理方式。重审法官认为,虽然各继承人都认可父亲各身份是同一人,但身份关系不能适用自认规则,而现有证据都不属于强有力的证据,身份关系认定仍属重大难题难以突破。为此,律师陆续向法官提供处理思路:

解决方式一:因父亲各身份的户籍档案中均有人口信息相片,故请求法院再次发函给公安机关,由公安机关再次进行查询并对各身份下人口信息照片进行比对。然而,结果让人大跌眼镜。“欧阳季”(A 身份)、“欧阳锦”(B 身份)中的人口信息照片比对相似度不足 50%,初步分析不是同一个人。“欧阳锦”(C 身份)无法查询到相关记录。后经欧阳姐妹多番了解确认,“欧阳锦”(B 身份)中的照片确实是父亲生前找人冒充拍摄的,但是该人不愿出具相关证明和证言。

解决方式二:解决方式一之路不通后,律师又很快提出 DNA 亲子关系鉴定的解决方式。

“欧阳季”(A 身份)下登记有第二任妻子程桦与其生育的 4 个子女;

“欧阳锦”(B 身份)下登记有第一任妻子林仪与其生育的 5 个子女;

“欧阳锦”(C 身份)下曾关联登记了所有的兄弟姐妹(包括第三人潘梦所生的 3 个子女),且身份关系均为“父子/父女”。

据此,如果所有的兄弟姐妹经过鉴定都能认定为是父亲的亲生子女,那么结合各自的户籍与多重户籍之间的互相关联,加之现有证据,基本就可以强化认定父亲的多重身份是同一人的结论。

由于12个子女中有男有女,又涉及不同母亲生育,故从遗传学上,无法采用12个子女直接全部一起鉴定的方式,只能分别鉴定。

①对第一任妻子林仪生育的5个子女(欧阳坚、欧阳音、欧阳菲、欧阳小花、欧阳小红)进行同父同母的全同胞鉴定,鉴定结果显示5人均为全同胞;

②对第一任妻子林仪生育的4个女儿(欧阳音、欧阳菲、欧阳小花、欧阳小红)与第二任妻子程桦生育的3个女儿(欧阳小青、欧阳小梅、欧阳小燕),以及第三人潘梦生育的1个女儿(欧阳小芳)进行同父姐妹鉴定,鉴定结果显示8人存在同父姐妹关系;

③对第一任妻子林仪生育的1个儿子(欧阳坚)与第二任妻子程桦生育的1个儿子(欧阳勇),以及第三人潘梦生育的2个儿子(欧阳雄贵、欧阳雄富)进行父系鉴定,鉴定结果显示4人符合同一父系遗传规律。

最终,结合上述三组鉴定报告,间接推论父亲的三个身份系同一人。经过长达4年的时间,被继承人及继承人之间的身份问题终于尘埃落定,遗产范围也据此得以确定。

2. 遗嘱效力只能靠笔迹鉴定确定吗?

在案件审理过程中,欧阳勇提供了一份遗嘱,写明某市3处房产归欧阳勇所有。该遗嘱是一份打印件,只在"遗嘱人"处有父亲的签名捺印。对这份遗嘱,欧阳姐妹认为签名是伪造的,不是父亲的字迹;而其他当事人也认为该份遗嘱不是真实的,法官随即询问各方是否对签名申请笔迹鉴定。

律师经分析该遗嘱内容及遗嘱形式(当时《民法典》还未生效),认为该遗嘱不符合法定的遗嘱形式,既不属于自书遗嘱,也不属于代书遗嘱,更不能按照自书遗嘱对待,且遗嘱文本内容模糊不清,所以建议欧阳姐妹不提出笔迹鉴定,坚信该份遗嘱从法律形式上就不符合遗嘱形式,因此根本不需要费钱、费力申请鉴定。欧阳姐妹听从了律师的建议,选择不申请遗嘱鉴定。

而欧阳勇为了极力证明遗嘱的真实性,申请对签名进行笔迹鉴定。鉴定结果显示,该签名确系父亲生前所写。

但最终法院仍分析认定:欧阳勇主张该遗嘱为自书遗嘱,但该遗嘱通篇均系电脑打印,立遗嘱人仅在落款处签名,与自书遗嘱要求的法定形式不符,因此该遗嘱并非自书遗嘱,对该遗嘱不予以采信。

3. 遗产类型众多且复杂,如何梳理遗产范围并在众多继承人间分割?

父亲的遗产类型复杂多样,涵盖公司股权、各地房产、银行存款。同时,必须调查和诉请分割其现配偶程桦名下的资产。

(1)对于银行流水,律师申请调取了父亲及现配偶程桦名下在父亲去世前10个月至调取日的全部银行流水,逐一核对流水中的异常款项,并对银行存款中反复流转的多笔定期存款及理财款一笔一笔挑选,最终确定了具体数额,并提出这些款项应当重新作为父亲和配偶的夫妻共同财产予以处理。面对律师如此仔细的核对和质询,现配偶程桦无话可说,最终认可律师提出的银行存款数额。

(2)因被继承人有部分房产登记在公司名下,有的房产未办理产权证,有的房产还登记在无真实户籍的"欧阳劲"(C身份)名下,为了本案的顺利审理,律师不得不建议欧阳姐妹适当放弃部分利益和产权不明的房产,待后续再追索。同时,对于现配偶程桦名下的房产,为防止其进行财产转移,欧阳姐妹也在律师的建议下进行了保全。

(3)对于遗产的具体分配,为了避免本案按照所有人继续保持共有财产的方式进行处理,律师按照已查明的资产及价值汇总计算出所有遗产的总价值,接着用总价值除以继承人数量,计算出每一个继承人应继承的财产价值。最后,根据每个人分得的财产价值,以减少产权变更登记、减少各继承人补偿款支付负担为基本原则,寻找与不同继承人特点相匹配、价值与应分财产价值相近的财产。经过反复核算,最终向法院提交了一套完整、可执行落地的遗产分配方案。

工作成果摘录

因身份关系被裁定驳回起诉后，律师拟写的上诉状节选如下：

二、法律并未规定仅有公安机关有权确认居民身份，本案即使没有户籍地公安机关的证明，法院也有权对居民身份进行确认，并对本案遗产进行实体处理

（一）在户籍地公安机关怠于履行职责时，法院也有权确认居民身份

1. 在本案审理伊始，上诉人就曾请求深圳市公安局××派出所出具被继承人“欧阳季”和“欧阳锦”系同一人的证明，但该派出所工作人员以两个身份均已“死亡注销”为由称无法出具。

2. 裁定书中记载，原审法院向公安机关发函调查“欧阳季”“欧阳锦”等身份情况，一直未收到回复。由此反映出，即使是如法院般的公权力机关出面询问，公安机关都怠于答复，作为普通人的上诉人，又如何能取得相关证明？由此就造成了上诉人的权利真空，权益一直遭受侵害却无法救济，被继承人的遗产也一直被非法侵占。此种现象违背法律的公平正义，违背法律之本意。

3.《户口登记条例》第3条第1款规定：“户口登记工作，由各级公安机关主管。”该条款并未提及居民身份的确认工作也由公安机关主管。综观我国其他法律，也未规定仅有公安机关有权确认居民身份。因此，人民法院如果在审理案件过程中依据现有资料已能充分确认，而公安机关经通知后又怠于履行职责，法院直接确认不会造成不良后果的，法院应当可以直接确认。

（二）依据现有资料以及法院应当调取的资料，本案可以依法确认被继承人真实合法的身份

如前所述，深圳市公安局××派出所已对“欧阳季”和“欧阳锦”身份的同一性出具证明。另外，从“欧阳季”和“欧阳锦”的照片比对上，也可以认定“欧阳季”和“欧阳锦”系同一人。

深圳市公安局××派出所登记的“欧阳锦”身份系于1991年1月××日从××市××社区迁移而来，该地系被继承人的出生地和原始籍贯地，是被继承人葬礼举行地，也是现今安葬地。

关于深圳市公安局××派出所登记的“欧阳季”身份，因“欧阳季”原始入户的深圳市公安局××派出所拒绝给上诉人的代理人调取资料，而原审法院也一直拒不亲自调取，导致无法查阅到“欧阳季”身份的户籍内档。但据上诉人提交的证据1以及被上诉人程桦提交的证据2可知，“欧阳季”身份系于1992年1月××日从××市迁移而来。

根据确认居民身份的一般原理，应以居民原始出生地户口和较先登记的户口为准。因此，可认定“欧阳锦”的身份为被继承人真实合法的身份。

（三）由本案法院确认被继承人的合法身份及各身份为同一人，并对被继承人各身份下的财产进行处理，不会损害国家、社会和第三人利益

1. 不管以哪个身份，被继承人对其实施的民事行为都是由“被继承人”同一自然人承担相关法律责任。

自然人的法律人格与生俱来，并不以自然人之外的任何物质条件为依据，即自然人是否办理居民身份证并不会对其法律人格造成任何影响。同时，自然人和自然人的法律人格是统一的，也是唯一的，不可能存在脱离于自然人之外的法律人格，也不可能存在拥有多个法律人格的自然人。基于此，即便通过不当行为取得了多个身份证，其以不同“身份”（身份证表现的身份）从事行为，相应的法律责任仍均由实际为同一法律人格的自然人承担。具体到婚姻关系、财产关系中，即使多重身份进行过多次婚姻登记，或多重身份购买了不同的资产，相应的法律责任都是由同一个自然人承担。

综上，不管本案被继承人以哪个身份与程桦进行结婚登记、购买资产，相应的权利义务和法律责任最终都是由被继承人这一个自然人承担。

2. 被继承人各身份下的财产均为合法财产，依法处理不会造成不良后果。

截至被继承人去世时，不管是“欧阳季”身份，还是“欧阳锦”身份，乃至

"欧阳劲"身份，均无正在进行的犯罪行为、刑事诉讼以及服刑情况，也无正在进行的犯罪民事诉讼情况。此外，"欧阳季""欧阳锦"的身份因死亡注销时，公安机关也未要求本案继承人处理任何被继承人违法事宜。因此，"欧阳季""欧阳锦""欧阳劲"名下的财产均是通过正当合法的途径取得，不存在非法财产的情形。

综上，本案所有继承人均对被继承人各身份为同一人无异议。本案对被继承人各身份下的财产进行实体处理，不会侵害国家、社会和任何第三人的权益。

综上所述，一审法院认定事实不清，适用法律错误，作出了错误且不公正的判决，既影响法律之权威性和正义性，也有违法律保护公民合法权益的本意。现上诉人恳请二审法院根据当时有效的《民事诉讼法》第170条第1款第2项的规定予以纠正，以维护社会和法律的公平正义，保障上诉人的合法权益。

重审一审审理期间，律师拟写的代理词节选如下：

现代理人结合本案事实查明、庭审情况，就本案争议焦点进行梳理，发表如下代理意见：

一、关于被继承人多重身份问题，结合被继承人的户籍资料、各继承人的亲子鉴定结论，已可以证明多重身份均为被继承人同一人

本案被继承人生前有四个身份证，分别为：

1. 欧阳季（身份证号码×××××××××××××××××1），深圳市公安局××分局颁发，与该身份同户籍的有妻子程桦，子女欧阳勇、欧阳小青、欧阳小梅、欧阳小燕；

2. 欧阳锦（身份证号码×××××××××××××××××2），深圳市公安局××分局颁发，与该身份同户籍的有子女欧阳坚、欧阳音；

3. 欧阳锦（身份证号码×××××××××××××××××3），××市公安局颁发，该身份因双重户籍在被继承人生前早已注销，原与该身份同

户籍的有被继承人的所有子女;

4. 欧阳劲(身份证号码××××××××××××××××××3),该身份在公安局系统中并无存档,该身份显示的身份证号码与××市欧阳锦是同一个,系因××市房地产交易所登记错误造成。

为证明被继承人的多重身份均为同一人,各方分别提交了××市××社区委员会、××市××派出所出具的两份证明,两个"欧阳锦"身份的入户内档资料、被继承人以"欧阳锦"身份与程桦登记结婚的结婚证、程桦以"欧阳季"妻子身份办理的《居民死亡医学证明书》文件。同时,被继承人的各子女分别进行了三次亲子鉴定。根据亲子鉴定的结论,可以认定12个子女均为同父兄弟姐妹关系。由此,结合被继承人三个身份项下的同户子女关系,也能证明被继承人的三个身份系同一人。

因此,被继承人三个身份项下的财产,均可纳入遗产范围予以处理。

……

四、关于本案遗产分配问题,由于欧阳勇所持遗嘱无效,故所有遗产应当从发挥遗产效用、降低各继承人负担的原则进行合理分配

(一)关于遗嘱问题

1. 该《遗嘱》不符合任何法定形式,属于无效遗嘱

从遗嘱形式上看,因遗嘱主要内容不是被继承人亲笔所写,是打印后签字,故不构成自书遗嘱;因"见证人"处没有两个以上见证人签字,也不构成代书遗嘱。因此,按照《继承法》第17条和第18条的规定,该份遗嘱不符合任何法定形式,属于无效遗嘱。

从遗嘱内容上看,该遗嘱中所标注的"勇"字无法确认是由被继承人补充,还是其他人补充,从而使该份遗嘱丧失了真实性。"见证人"处空白,证明该份遗嘱并不完整,很有可能是未完成的、待确认的遗嘱。

2. 该份遗嘱也不构成遗书,不能按自书遗嘱对待

遗书是指人临死时留下的书信。但该份《遗嘱》,从内容上看,被继承人

未提及任何死亡问题，更未明确表示是死后的财产处分；从时间上看，该份遗嘱设立时间为200×年××月××日，彼时被继承人身体健康，其一直到201×年××月××日，即签立文件的十几年后才去世。因此，该文件不属于当时有效的《最高人民法院关于贯彻执行〈中华人民共和国继承法〉若干问题的意见》第40条"公民在遗书中涉及死后个人财产处分的内容，确为死者真实意思的表示，有本人签名并注明了年、月、日，又无相反证据的，可按自书遗嘱对待"规定中的遗书，不能按自书遗嘱对待。

综上所述，该份遗嘱不属于真实、合法、有效的遗嘱，也不属于可按遗书对待的自书遗嘱。另外，遗嘱内容上并未写明××处房产的所有权归"欧阳勇"所有，仅说给其做"永久性居住用宅"，而"永久性居住用宅"仅显示其有居住权而非所有权。因此，3处房产中属于遗产范围的份额应按法定继承分配，欧阳勇无权单独取得。

（二）关于本案遗产在各继承人间具体如何分配问题

《最高人民法院关于贯彻执行〈中华人民共和国继承法〉若干问题的意见》第58条规定："人民法院在分割遗产中的房屋、生产资料和特定职业所需要的财产时，应依据有利于发挥其使用效益和继承人的实际需要，兼顾各继承人的利益进行处理。"《继承法》确定的遗产分割的规则和方法认为，遗产分割应当有利于生产和生活需要，不损害遗产的效用。

本案中，属于被继承人和程桦所有夫妻共同财产的总价值达××××万元。程桦和其5个子女，总计能分得××××万元至××××万元。按遗产价值计算，每个继承人可分得的份额在××××万元至××××万元，各继承人均无能力给予其他继承人现金补偿。因此，各房产、股权、银行存款的分配，应按尽量减少各继承人给付压力、有利于生活需要、不损害遗产效用的原则进行。具体方案可见我方于202×年××月××日提交的《遗产分割方案》。

案件结果

（一）关于身份问题

被继承人生前有4个身份，各身份均以双重户口或死亡时注销。诉讼中，各方当事人均确认案涉多个身份证号码和两份死亡证明均指向被继承人同一人，但考虑到身份关系不能简单适用自认，而应查明客观事实。因不同身份户籍下登记有不同子女，经原告申请，法院对各子女继承人是否源于同一父亲进行司法鉴定。经鉴定，确认各子女继承人系同一父亲，故法院确认被继承人生前4个身份系同一人。

（二）关于分割份额

分割遗产时，应当先将夫妻共同财产的一半分出为配偶所有，其余为被继承人的遗产。同一顺序继承人继承遗产的份额一般应当均等。本案中，经查明仅有程桦属于被继承人的合法配偶，故本案继承人有14位。程桦应先分得夫妻共同财产的一半，14个继承人再各继承被继承人遗产的1/14。

（三）具体财产分割

1. 关于案涉某市3处房产相关的遗嘱。欧阳勇提供的遗嘱因不符合遗嘱的法定形式，法院不予以采信。该3处房产应按照法定继承分割，其中一半的份额为配偶程桦所有。根据本案查明事实及庭审陈述，同时考虑个体分割与整体分割相结合，本案酌情判令该3处房产归欧阳勇所有，欧阳勇应向其他继承人支付补偿款。

2. 对于案涉其他房产、公司股权等，因被继承人配偶程桦所得份额较大，故法院将其登记在程桦名下的且价值较大的资产优先认定归程桦所有，由程桦向其他继承人支付补偿款；对于公司股权，因自被继承人生病以来，一直由欧阳坚、欧阳勇经营至今，为保证公司经营的稳定性，故判归欧阳坚、欧阳勇所有，由欧阳坚、欧阳勇向其他继承人支付补偿款。其他资产，亦陆续分别判归其他继承人所有，由取得所有权的继承人向其他继承人进行补偿。经过彼此给付和获得补偿款的冲抵计算，欧阳姐妹分得的数套房产，最终需要支付的补偿款也就几十万元。绝大部分继承人对结果非常满意，因为各方在分得既得财产的情况下，均不需要再对外支付较高的补偿款。最终，各方没有上诉，均按照法院判决履行。

典型意义

本案涉及争议的继承人共计 15 人，包括被继承人的母亲、前妻所生子女、现任妻子及现任妻子所生子女、婚外第三人及婚外第三人所生子女，各方关系及利益错综复杂；遗产范围涵盖多家公司股权、全国各地多处房产、银行存款及理财资金，遗产价值丰厚、类型复杂，涉及被隐藏的银行存款难以发现，以及遗产具体如何分割难题。而被继承人本身亦有多重身份，不同身份下登记有不同资产，涉及身份关系认定（多重身份同一性、继承人身份认定）以及遗产范围认定难题。因此，本案涵盖了继承纠纷案件中被继承人、继承人身份关系认定，遗产范围查明及具体分配，遗嘱效力等几乎所有继承纠纷中最关键、最重点的疑难点，是一个难得的关于如何办理继承案件的经典学习案例。

律师点评

本案继承纠纷，历经一审、二审发回重审、重审一审，耗时总计 6 年，方有最终的生效裁决。过程之艰辛，法律关系及法律问题之复杂，处理难度之高，实属少见。但是，办案律师始终坚持不放弃。

首先，在身份关系确认上。办案律师从不辞辛劳地到各个派出所、各档案室调取被继承人各身份的户籍内档资料，到一审诉讼受挫被驳回起诉，再到二审诉讼尽全力查找相关法律法规反驳一审裁定，终于争取到发回重审的机会。重审时，更是积极与公安机关、法官沟通进行人口信息比对。在得到否定结论后，随即又提出亲子关系鉴定的解决方式。在亲子关系鉴定的环节中，毫不松懈，持续与鉴定机构在生物学上商量和确定鉴定方案，以达到统一的鉴定结果。本案完全体现了办案律师和当事人共同的坚持和不言弃，充分说明了当事人对办案律师的绝对信任，正是基于此，本案才能最终突破身份关系这个最基础却也是最大的难关。

其次,在遗嘱效力及笔迹鉴定选择上。在当事人坚信遗嘱笔迹是伪造的情况下,选择笔迹鉴定是最保险,亦是最便捷推翻遗嘱效力的方式。但是,诉讼中的笔迹鉴定是一个既有可能解决问题,又有可能带来问题的程序。就如本案中,欧阳姐妹坚信遗嘱并非父亲真实签名,但鉴定结果事与愿违。而作为主办律师,衡量进行笔迹鉴定的必要性,不仅需要考虑鉴定结果是否存在不利之处的风险、鉴定检材来源是否合法的风险,而且需要考虑当事人对鉴定费用的承担能力。本案中,正是因为办案律师对《继承法》的分析和研究非常深入,方有把握在不进行鉴定的情况下,有信心推翻遗嘱的效力,从而既规避了鉴定结果不利的风险,又降低了当事人的费用成本。办理涉及遗嘱的相关继承案件时,一定要回归法律规定之本身,深入研究和揣摩法律对于遗嘱形式、效力等方面的具体规定和立法本意,再来对比案件中所涉遗嘱的内容、形式等各方面,方能作出更准确的法律分析和建议。

再次,在遗产分割方案建议上。有些继承案件的裁决结果(乃至调解建议)是让所有继承人共有遗产,比如每人享有10%、20%的财产份额。这样的裁判结果其实没有真正解决当事人之间的纠纷,也不利于发挥财产的效用。一套房,10个产权人,10个人如果不能就使用房产达成一致意见,仍然需要进行共有财产的分割诉讼,否则财产无法使用,造成财产的极大浪费;再次提起诉讼本身,又会让当事人继续诉累。我们理解,继承案件中涉及继承人数量、遗产情况等情形时,往往数据繁多且复杂,法官梳理时也有可能会力不从心。因此,主办律师应当积极、主动"揽活",以发挥遗产效用、减少产权变更登记、减少各继承人补偿款支付负担为基本原则,根据遗产情况及当事人意愿,主动为法官提供遗产分割方案,以真正解决遗产分割和执行之难题,尽早促成各继承人重拾亲情。本案中,主审法官就是依据主办律师提供的遗产分割方案,判令包括欧阳姐妹在内的每一个继承人分别分得数项具体财产,并补偿其他继承人相应的款项金额。经过彼此给付和获得补偿款的冲抵计算,欧阳姐妹分得数套房产，最终需要支付的补偿款也就几十万元。这样的结果，对欧阳姐妹来说是非常满意的：从未经营过公司，所以不用分得股权患得患失；分得有固定收益的房产，也不需要负担太大的补偿金额。

最后，在财富传承规划上。本案长达6年马拉松式的诉讼过程，让各方当事人均已身心俱疲，亲情亦破碎不堪。原本和睦的兄弟姐妹之间，在面对巨大利益分配时，难免会出现斤斤计较、心口不一的情况，亦属人之常情。如果父亲在离世前，能对自己的身份及财产关系提前进行梳理、解决和规划，就不会出现上述局面。本团队所经办的另一起案件，继承人及被继承人的身份及财产关系与本案十分类似，但该被继承人在离世前主动寻求本团队的帮助，为其梳理家族关系及家庭资产。本团队接受委托后，基于被继承人的意愿，协助设立了一套切实可行且温馨和谐的财富继承和传承方案。现在，被继承人离世后，她的继承人们仍能按照被继承人的意愿执行方案，和睦共处，家族企业及资产也在亲人的共同努力下越发壮大。

承办律师及团队简介

杜芹律师，北京市盈科（深圳）律师事务所股权高级合伙人，盈科全国婚姻与家庭法律专业委员会主任，盈科深圳分所管委会副主任，盈科全国家族财富讲师团团长，广东省律师协会/深圳市律师协会理事，深圳市律师协会女工委主任，广东省律师协会婚姻家事法律专业委员会副主任，国际著名评级机构·钱伯斯私人财富管理登榜律师，国际法律评级机构·LEGAL 500私人财富管理登榜律师。

曹梦珊律师，北京市盈科（深圳）律师事务所高级合伙人律师，深圳市律师协会第十一届健康养老法律专业委员会副主任，杜芹家族律师团队执行主任，幸福加遗嘱深圳规划中心副主任，幸福加跨境遗嘱规划中心核心成员，深圳卫视《第一现场》点评律师，《中国妇女》杂志特约评论员。

杜芹家族律师团队专注家事和家族财富管理研究逾10年，承办家事案件和项目超过1000宗，多宗案例为业界首例，获评典型示范案例、经典维权案例。编写的专著《婚姻律师这么做才专业》获评“深圳律师纪念改革开放40周年暨深圳市律师协会成立30周年之最佳论文(专著、专刊)”，是深圳律师办理婚姻家事案件的实务指导书和参考书，自主研发家事“十全十美”系列、财富“八大”系列法律服务产品，获得深圳市律师协会“法律服务产品创新赛”大奖。主编《你必须知道的遗嘱》《非凡家事：盈科婚姻家事经典案例》《拒绝危险关系：婚外情的法律应对》等。

婚前首付购买的房屋，婚后约定共有并公证，离婚时是否平均分割

——解读杨某诉薛乙离婚纠纷案

孙红俊　龚林莉

案情简介

原告杨某与被告薛乙于2015年登记结婚,2016年生育一子薛丙。被告婚前于2013年作为买受人与某某房地产有限公司签订《商品房购销合同》,购买了商品房一套,支付购房首付款24万余元,贷款57万元,被告婚前偿还房屋贷款3万余元。2017年,被告作为权利人办理了案涉房屋的产权登记;同年,与原告签订《夫妻财产约定》并进行公证,双方约定:案涉房屋产权归原、被告夫妻二人共同所有,该房屋所产生的一切债权债务均由原、被告夫妻二人共同享有和承担。2019年,被告因犯罪被刑事拘留,后于2020年被判处有期徒刑10余年,并处罚金50余万元。婚后至被告被羁押前,案涉房屋共偿还贷款18万余元;被告被羁押后,案涉房屋偿还贷款共计9万余元。2021年4月,偿还房屋贷款义务人转为被告父亲薛甲。截至2022年3月,房屋剩余贷款50万元。

2021年10月,原告以被告长期置家庭婚姻于不顾、对孩子缺乏关心陪伴、因犯罪获刑、留下巨大的偿债压力、双方事实分居已满二年、夫妻感情确已破裂等为由向法院起诉离婚:请求法院解除原、被告的婚姻关系,按照保护妇女儿童及有利于被抚养人健康成长的原则,并考虑被告的过错,判决婚生子由原告抚养,被告支付每月3500元的抚养费,同时依法分割夫妻共同财产(案涉房屋)。

被告父母获悉原告起诉离婚后,欲委托律师帮被告应诉,但被告现仍服刑于某某监狱。

律师策略

本案男女双方婚后开支无限度、消费无节制,为满足不断膨胀的消费欲望,男方逐渐走上了违法犯罪之路,最终获刑入狱。在男方父母变卖名下唯一住房为其偿还百余万元债务后,女方随即向法院起诉离婚,并要求子女抚养和财产分割。而男方父母出首付款购买的登记在男方名下的唯一房产,在男方父母不知情的情况下,却被女方以提取公积金为由和男方签订《夫妻财产约定》而被约定为共同共有并进行了公证,导致离婚应诉时男方极为被动,面临婚生子抚养费和房产分割问题,存在女方要求一次性抵扣所有款项、父母为儿子购买的唯一房产不保的巨大风险。

本案的首要问题是男方正处于监狱服刑中,需首先与男方本人建立委托手续。笔者在与男方父母沟通后,先与男方父母签订委托手续,以律师身份代表男方父母,申请与男方本人取得会见。当时正值新冠疫情期间,经笔者与监狱方面沟通和申请,通过邮寄手续,以远程会见的方式与在监狱服刑的男方取得了联系。最终在征得男方本人同意的情况下,与男方父母沟通后,向监狱狱政科工作人员邮寄离婚案件委托手续,在狱政科工作人员协助男方签字、捺手印寄回后,笔者正式取得男方本人的委托授权,至此便能以男方代理人的身份参与应诉。

其次是了解案件具体情况。男方父母并非离婚案件当事人,了解的案情仅为被告转述。故笔者在与男方远程会见时,按事先罗列的询问提纲,和男方一一了解和询问案件情况;在取得委托手续后,第一时间到法院领取女方的起诉状和相关材料。

再次是调查取证和应诉。笔者在了解到离婚案件女方诉求和具体情况后发现,本案主要是财产分割问题,女方所提仅为案涉房屋,但也需要有针对性地调查取证。在男方父母的协助下,初步获取了案涉房屋的购买和还贷情况。后经再次申请与男方远程会见后，询问男方得知其与女方曾就案涉房屋签订过协议并公证，故我方通过公证处查询到双方所作的夫妻财产约定。对此不利情况，男方父母此前毫不知情。作为男方离婚案件的代理人，此时除需考虑男方的诉求外，还需兼顾男方父母的利益。

最后是本案涉及的法律问题。结合案件事实和相关法律规定，笔者认为，男女双方虽就案涉房屋签订了《夫妻财产约定》，但并非一律平均分割，仍有争取空间。本案经公证的《夫妻财产约定》中，约定案涉房屋为双方共同共有，并非按份共有；且婚前首付系男方父母出资，婚后男方被刑事羁押后的还贷也均系被告父母全额支出，法院在分割时可能会考虑共有人对财产的贡献大小、婚后夫妻双方共同偿还债务的数额、结婚时间长短等因素，故可围绕以上方面进行具体举证并附相似案例裁判观点以供法院参考。可供分割夫妻共同财产并非仅限于女方提出的男方名下案涉房屋。为帮助男方父母保全案涉房屋，结合男方父母陈述的女方婚后收入开支情况，笔者认为，男方现已服刑，名下无其他财产；女方名下的工资收入及公积金、养老保险账户等也属于夫妻共同财产，男方有权在答辩时提请分割。故我方向法院申请多份调查令，最终获取女方名下多张银行卡流水、公积金账户明细及养老保险，经整理查明，女方取现转移资金有数十万元之多，公积金取出用途也不属实，实际并未用于还贷或购房，这为开庭审理和调解谈判获取了更大筹码。就抚养费一次性支付的问题，与男方父母沟通后，在征得男方本人同意的情况下，男方父母出具书面说明并申请出庭作证，以便当庭表明，男方出狱前的抚养费男方父母愿意代为支付，且考虑男方父母住房情况和男方尚欠罚金等情形，不宜用案涉房屋一次性抵偿抚养费。

工作成果摘录

代理词（节选）

（因远程会见时已征询被告本人意见，被告对离婚无异议，故本案主要争议焦点为子女抚养和财产分割问题。)

一、希望法院综合考虑双方实际情况,按有利于婚生子健康成长的原则判决处理子女抚养权

(一)若法院将抚养权判归原告,被告愿按法律规定向婚生子按月支付抚养费用

基于目前被告正在服刑没有经济收入,且尚有40余万元罚金未能缴纳的状况,结合本地区的消费水平,在婚生子薛丙即将步入小学义务教育阶段的情况下,判决由被告每月支付1000元抚养费用较为适宜。为保障孩子的健康成长,被告经与父母沟通协商确认,被告父母已明确表示愿意在被告羁押期间代替被告履行抚养费支付义务,请法院酌情考虑。

另外,婚生子的抚养费不应判决由被告一次性支付。被告父母为偿还原、被告的上百万元债务,已变卖了名下唯一住房,案涉房屋目前已是二老唯一居所,且被告名下尚有40余万元罚金未缴纳,被告又还在服刑,根本没有一次性支付的可能性。因支付抚养费并非纯粹的金钱给付义务,还是被抚养人和抚养义务人之间亲情纽带的体现,一次性支付抚养费并非履行抚养义务的最佳方式。

(二)恳请法院一并处理被告对婚生子的探视权

婚生子现已6岁,在原告起诉离婚之前,绝大多数时间由被告父母照顾,婚生子已与被告父母形成感情深厚的祖孙关系。为了让孩子在缺失部分父爱的情况下仍能健康成长,恳请法院在本次离婚诉讼中一并解决探视权问题(每月至少4次,每次12小时),在被告出狱前暂由被告父母代为探视,减少原、被告及被告父母间因孩子的探望问题出现争端的情况。

二、案涉房屋应判归被告所有,尚未归还的贷款为被告的个人债务,双方婚后共同还贷支付的款项(婚后至被告入狱前共同还贷部分)由被告对原告补偿一半

(一)案涉房屋系被告婚前父母出资支付首付购买,即使在被告入狱后,原告也从未归还过任何一期房贷,而是由被告父母在偿还,被告认为原告能

要求分割的部分仅限于婚后至被告入狱前共同还贷部分。案涉房屋婚前婚后一直由被告在偿还贷款，原告为提取公积金与被告签订《夫妻财产约定》，约定共同还贷，但其提取的公积金从未用于房屋还贷，而是用于其个人消费和挥霍。即使在被告入狱后，原告作为共同还款能力人和义务人，也从未履行还款义务，从未归还过任何一期房贷，均是由被告父母在偿还；为还款便利，被告父亲无奈之下才变更房贷还款账户至自己名下。被告父母为原、被告共偿还了上百万元债务，虽说都是被告名下的欠款，但大部分系用于夫妻共同生活，亦属于夫妻共同债务。故案涉房屋能分割的部分应仅限于婚后至被告入狱前共同还贷部分。

（二）根据《民法典》及司法解释的相关规定，被告认为该房产应判归被告所有，尚未归还的贷款为被告的个人债务，双方婚后共同还贷支付的款项由被告对原告补偿一半

三、虽然婚后双方约定案涉房屋为共同共有，但这不当然意味着一律平均分割

虽然案涉房屋约定为共同共有，但在双方签订《夫妻财产约定》后，原告作为共同还款能力人和义务人从未履行过还款义务。因此，在具体分割时，法院应综合考虑房屋的合同签订情况、购房款首付支付情况、税费支付情况、主贷人情况、现在使用人情况、婚后夫妻双方共同偿还债务的数额等案件事实，比较原、被告双方对房产来源的贡献大小等因素进行判决。

类案判决参考如下：浙江省杭州市中级人民法院（2020）浙01民终4427号民事判决书、云南省昆明市盘龙区人民法院（2021）云0103民初4231号民事判决书。

四、《民法典》虽然规定了在分割夫妻共同财产时应按照顾子女、女方的原则判决，但原告作为女方有隐匿、转移夫妻共同财产（公积金及工资收入）的行为，对此情形《民法典》也规定在分割夫妻共同财产时，可以少分或者不分

（一）在被告入狱前，原告以购房名义提取公积金20余万元；被告入狱

后,原告又以购房名义提取公积金合计16余万元;原告每月工资上万元。原告本人当庭质疑法院调查令调取的银行流水真实性,且称原告银行卡金额有相互转入情况。即使抛开自被告入狱后原告转移挥霍的20余万元,自被告入狱后原告也从原告工资卡上转移挥霍了30余万元,因该期间婚生子的生活开支和原告本人的吃住开支均是被告父母在承担,原告虽口头陈述每月1万多元用于家庭日常生活开支,但没有任何证据证明;况且还有16万余元公积金不知去向,原告从未将其用于归还案涉房屋贷款。

(二)在被告被羁押后,原告不仅未参与房屋共同还贷,还大肆转移和挥霍提取的公积金和每月的工资收入。虽然被告当庭表示不要求对该部分共同财产予以分割或折抵,但根据《民法典》第1092条之规定,也不应在具体分割时对原告有所倾斜。对双方婚后共同还贷款项,应平均分割,由被告对原告补偿一半。

案件结果

本案经法院审理,我方对于本案子女抚养费、探望权、财产分割的观点基本被法院采纳,最终判决如下:(1)准予原告与被告离婚;(2)子女抚养:原告与被告共同生育的儿子薛丙(居民身份号码:××××××××××××××××××)由原告抚养,被告于本判决生效当月起每月30日前支付当月抚养费1000元直至薛丙年满18周岁;(3)探望权:在不影响儿子薛丙的生活及学习情况下,被告每月探望儿子薛丙至少4次,每次12小时;(4)财产分割:坐落于昆明市××名城×栋××层××号房屋[不动产权证:云(20××)盘龙区不动产权第××号]归被告所有,被告于本判决生效之日起30日内支付原告人民币21万元。

典型意义

本案给我们的启示如下:首先,父母在为子女出资购房时,需考虑房产落户于子女名下，子女婚后房产不受父母掌控的风险。故房产购买和落户时，可考虑至少与子女按份共有该房产。另外，无论是首付、全款还是帮忙还贷，须有明确备注或签订书面协议确认是赠与子女一方还是借款，以防子女婚变措手不及。另外，我国法律没有“父债子偿或子债父偿”的规定，子女所欠债务一般不会波及父母，父爱母爱虽伟大，但当子女面临巨额外债时，不应首选变卖自己名下房产为子女还债，以防赔了夫人又折兵。

其次，签订夫妻财产约定时需慎重，若是自己所挣财产，只要心甘情愿可随意处置，毕竟钱财乃身外之物。作为协议另一方，也需考虑所签财产协议的有效性，以免签的是空头支票。

最后，离婚分割共同财产并不以原告诉请所列为限，被告可参考《民法典》第1062条，《最高人民法院关于适用〈中华人民共和国民法典〉婚姻家庭编的解释（一）》第25条、第80条等的规定，答辩请求分割原告方未提及的其余夫妻共同财产。

关于子女抚养，《最高人民法院关于适用〈中华人民共和国民法典〉婚姻家庭编的解释（一）》第49条虽有明确规定，但也可举证婚生子的实际需要、现阶段的生活水平及原、被告双方的收入及生活情况供法院参考，以争取合理金额的抚养费。对于探视权也可合理要求，只要不影响婚生子女的学习生活，甚至可要求随时探望；判决确定后若对方不配合，除可申请执行外，还有争取变更抚养权的可能性。

律师点评

本案难点在于，因被告在监狱服刑，需防止原告借助已公证的《夫妻财产约定》，在分割案涉房屋时一并要求一次性抵扣抚养费，导致房产被原告据为己有。

关于抚养费和探视权。《最高人民法院民法典婚姻家庭编司法解释（一）理解与适用》第455页写道：“抚养费以定期给付为原则，以一次性给付为例外”；第456页写道：“父母一方给付子女抚养费时，原则上应当采取定期给付的方式，只有在符合一定条件的情况下，才可以采取一次性给付的方式。因为一次性给付抚养费可能存在诸多风险：首先，一次性给付抚养费不足以涵盖父母对子女抚养义务的全部内容,难以预测子女在成长过程中的客观需要,从最大程度保护子女利益的角度看,不够合理。其次,不恰当地使用一次性给付,可能不利于对子女的教育和成长,可能会使与子女共同生活的一方限制,甚至拒绝对方探视和教育子女,这不仅侵犯了对方的合法权益,还极大程度上影响子女的身心健康。再次,一次性给付抚养费容易引起新的纠纷,如子女年幼未能使用,而直接抚养子女一方存在挥霍抚养费可能。最后,还可能存在以给付抚养费规避法律的情形,成为违法犯罪的手段。"第 458 页写道:"考虑到一次性给付抚养费的种种风险,对于是否采取一次性给付抚养费的方式,人民法院应当审慎处理。司法实践中,人民法院判定抚养人是否应一次性给付抚养费时,需考虑一次性支付的可能性和必要性。所谓可能性是指抚养人是否具有一次性支付的负担能力。否则,判决一次性支付抚养费将失去裁判的意义,且如因此造成抚养人生活困窘,将产生新的权利失衡,亦不符合司法公正的本意。"

在本案中,最终法院虽考虑被告目前无法对孩子尽到抚养义务,判决婚生子由原告抚养,但对于抚养费金额,法院亦采纳我方观点:结合婚生子的实际需要、婚生子现阶段的生活水平及原、被告双方的收入及生活情况等,确定婚生子每月所需抚养费为 2000 元,由原、被告各自承担 50% ,由被告支付给婚生子抚养费每月 1000 元直至婚生子年满 18 周岁。

关于夫妻财产约定和共同财产分割。根据《民法典》第 1065 条、《最高人民法院关于适用〈中华人民共和国民法典〉婚姻家庭编的解释(一)》第 29 条之规定,本案中案涉房屋经《夫妻财产约定》并公证,情形虽对男方极为不利,但好在《夫妻财产约定》仅约定共同共有,并未约定按份共有。也可参照《上海市高级人民法院关于审理婚姻家庭纠纷若干问题的意见》中"13. 夫妻一方婚前出资购买的房屋,权利登记在双方名下,离婚时该房产的处理":"夫妻一方婚前出资购置房屋,权利登记在双方名下的,为夫妻双方共有财产。如未约定按份共有,可认定共同共有,但在离婚分割该房产时,出资一方可适当多分。”

最终法院认为，关于共有财产的分割应考虑共有人对财产的贡献大小等因素，案涉房屋系被告婚前支付首付款购买，原、被告双方签订协议并办理公证确认房屋为二人共同共有，是为了增进夫妻感情、加强彼此信任、巩固夫妻关系，结合案涉房屋购买、偿还贷款以及现阶段原、被告居住生活情况，确认案涉房屋归被告所有，由原告取得案涉房屋30%的份额。

故即使在极为不利的情况下，也需要尽可能地为当事人争取法律范围内的合法权益。为避免此类纠纷，笔者建议父母在为已婚或即将结婚的子女买房时须谨慎，提前咨询律师做好规划，避免将来房屋不受掌控。另外，夫妻之间在签订夫妻财产约定时，也应充分考虑法律后果，既要避免一时头脑发热，也要避免签了夫妻财产约定起不到想要的作用。

律师简介

孙红俊律师，北京盈科（昆明）律师事务所专职律师，盈科（昆明）2022年度优秀律师，盈科（昆明）婚姻家庭法律事务部骨干成员。有近10年的保险从业经历，保险公司一星讲师，专注于婚姻家事、保险、家庭财富规划与传承领域。

龚林莉律师，从事律师工作12年，北京盈科（昆明）律师事务所合伙人，婚姻家事法律事务部副主任，盈科全国优秀律师，昆明市律师协会婚姻家庭法律委员会委员。具有中级律师职称，专注于处理婚姻家庭法律事务，包含婚姻家事类诉讼及非诉讼、财富管理及财富传承规划等。

被"小三"二十年，获赠的款项是否需返还

——解读杨某某、丁某某诉王某某不当得利纠纷案

王伟华

案情简介

原告杨某某与被告王某某系高中同学,2001 年二人发展成男女朋友关系。自 2010 年以来,原告杨某某多次以现金、银行转账、微信转账的方式给被告王某某钱物,还出资为王某某购买车辆和房产,截至 2020 年 12 月 30 日,原告杨某某共计转账给王某某 625 万元。原告杨某某认为,被告王某某基于和原告杨某某的婚外情,使用各种手段向原告杨某某索要大量财物,有违我国的公序良俗原则,严重侵害了原告配偶及子女近亲属的合法权益,故向法院提出诉讼请求:(1)请求人民法院判令王某某返还原告财产 625 万元;(2)判令被告支付利息损失 3, 454, 357.49 元(以 625 万元为基数,自不当得利之日起至 2021 年 11 月 26 日止,按照全国银行间同业拆借中心公布的贷款市场报价利息计算损失);(3)诉讼费由被告承担。诉讼期间,原告杨某某的妻子丁某某被法院通知作为共同原告参加本案诉讼。

律师策略

一般来说,此类型的案件,不管处于何种诉讼地位,大多涉及三个争议焦点:(1)是否违反公序良俗,(2)获得这些财物是否属于不当得利,(3)提起诉讼是否已过诉讼时效。带着此类型案件的普遍问题,律师和王某某沟通时,王某某一度表现得非常激动、

极度愤怒，感慨自己一个体面人，竟给别人当“小三”20多年。但自己着实冤枉，自己家的亲戚朋友几乎所有人都知道她和杨某某是“夫妻”，无论是吃饭、聚会还是去旅游，都是公开的，并不是世俗意义上的偷偷摸摸的地下情人关系。王某某自述自己工作体面，直接、间接帮助杨某某很多，杨某某在辉煌鼎盛时期是非常成功的企业主，在当地非常有影响力。杨某某给王某某的几百万元，当时说好是给王某某的报酬。现二人因为养老问题发生争执，没想到二十几年的感情，竟然被当成“小三”告上法庭，不仅颜面扫地，而且银行卡被冻结，住房也被查封。

经过和当事人充分沟通交流，确定第一个争议焦点：二人的公开同居是否违反公序良俗。避不开的问题是，王某某与杨某某没有结婚证，属于世俗意义上的婚外情男女朋友关系，从证据角度呈现“二人的同居不违反公序良俗”难度非常大。代理律师主要从三个方面收集证据：第一，王某某无法识别杨某某的婚姻状况。原告杨某某与案外人登记结婚后在民政局登记离婚。1994年11月29日，原告杨某某和丁某某登记结婚，其中杨某某系再婚。1998年10月20日，原告杨某某和丁某某经法院调解离婚。2003年4月29日，原告杨某某和丁某某再次登记结婚。该组证据是为了说明，杨某某与丁某某经法院调解离婚后再次登记结婚，王某某并不知情。与杨某某交往并同居，王某某是善意的。第二，通过生活的细节展现出王某某对与杨某某的同居感情生活并不避讳，不躲避其他人，照片、视频显示二人共同出游；近几年的微信聊天记录均以老婆、老公相称；王某某收快递、美团外卖、网购时的地址均是杨某某的住所。第三，外人如何“看”二人的同居。公序良俗主要体现在“公”即公共上，其他人如何看待二人的同居，关系到本案是否违反公序良俗。王某某通过努力，找寻到自己的母亲、闺密、表姐、曾经的同事、王某某儿子的朋友、杨某某公司的同事等共计14人出庭作证，以证明二人是公开同居，在证人眼中他们是夫妻，不是地下情人，不是婚外情。值得一提的是，王某某的母亲，作为原告杨某某曾经的班主任，一个80多岁的老人，声泪俱下地在庭审中控诉杨某某如何坑害自己的女儿王某某，起到了良好的庭审效果。

毕竟二人同居的时间非常长，再加上婚姻状况的隐私性、同居的隐蔽性，有些事实很难通过证据证明呈现，单纯的书面证据远远不够，部分关键事实只能通过当事人的自认陈述来呈现。比如杨某某是否刻意隐瞒其婚姻状况、转账支付王某某款项时是基于何种目的、二人是否有共同花销等，只能通过在庭审中设计问题来呈现。此种情况下，申请杨某某本人出庭，设计问题询问杨某某本人及丁某某的代理律师，通过当事人自认，客观上影响法官。

对于第二个争议焦点，代理律师主要从"工作报酬"入手。代理律师注意到，被告王某某退休前的工作单位是媒体类，原告经营的是地产类公司，被告王某某为原告的企业经营客观上存在助力。代理律师着重从网络的公开信息中找到杨某某曾经担任数家公司的董监高，直接、间接控股 10 多家公司，公开的招投标显示杨某某控股的公司动辄涉及几亿元的土地项目。同时，杨某某给王某某写过 2000 万元的欠条。以上综合证明杨某某支付的部分款项是工资性质报酬，而非基于婚外关系而支付的款项。同时，鉴于杨某某的经济状况，其有权自由支配大量款项，且对其家庭不造成任何影响。

第三个争议焦点是杨某某的起诉是否超过了诉讼时效。起诉前 3 年从未主张权利，已经超过诉讼时效。

对于第四个争议焦点，杨某某的转款行为是否侵害了其妻子丁某某的权利，主要从两个方面着手：第一，杨某某是地产企业主，已经通过大量的证据证明其经济实力雄厚，可以自由支配大量款项。第二，杨某某自由转出的财产不足以撼动原告杨某某和丁某某家庭日常生活，未对其妻子丁某某的生活造成任何影响，也不影响杨某某的经营，不属于家庭重大支出。

同时，查询下载大量同类型支持我方观点的判决书，并制作在证据目录中，将支持的观点摘抄在证明目的中，为法官在裁判时支持我方寻找理由。

工作成果摘录

代理词（节选）

一、原、被告之间不构成不当得利

根据法律规定，不当得利的构成应当具备四个要件：一方取得利益；致他人财产损失；一方取得利益与他方受损有因果关系；取得利益没有法律上的原因。本案中，分时间段计算被告取得的款项：

（一）2010年9月21日转账的68.5万元

原告杨某某支付68.5万元购买奔驰车落户于被告王某某名下，原告没有证据证明该车辆系王某某索要。同时，杨某某系云南某地产开发公司的法定代表人，王某某帮助其协调广告宣传、销售房地产等工作，此款项是杨某某基于工作关系给予其应得的报酬。

（二）2013年1月15日至8月14日的汇款情况，根据原告杨某某的证据汇总如下：

序号	时间	金额	附言	材料来源
1	2013年1月15日	10万元	往来款	原告证据P10
2	2013年3月11日	3万元	劳务费	原告证据P11
3	2013年4月11日	3万元	劳务费	原告证据P12
4	2013年5月9日	3万元	工资	原告证据P13
5	2013年6月19日	3万元	借款	原告证据P14
6	2013年7月10日	3万元	劳务费	原告证据P15
7	2013年8月14日	3万元	劳务费	原告证据P16
8	2013年8月22日	500万元	备注转账	原告证据P17
9	2014年4月3日	3万元	工资	原告证据P18
10	2014年5月4日	3万元	工资	原告证据P19
11	2014年6月3日	3万元	工资	原告证据P20

原告杨某某系云南某地产开发公司的法定代表人，被告王某某因与其是

同居关系(对内认可是夫妻,对外宣称是夫妻),为其工作时并没有签订正式的合同文本,但此期间的收入均系劳动报酬(均备注劳务费或工资),系王某某正当所得,有事实及法律依据。

(三)2013 年 8 月 22 日转账的 500 万元

2013 年 8 月 22 日转账的 500 万元,通过杨某某提交的证据可以看出,该转账是其公司的财务人员转出,该业务交易单中,有两个财务人员(一个出纳、一个审核人员)的印章,转账金额巨大,经过重重审核,绝不可能转错。被告认为此是基于经营管理行为的一种交易,而非杨某某所述的基于被告王某某的索要。

杨某某系多家公司的法定代表人,运行的产业涉及地产、餐饮、物业、汽车等行业,鉴于王某某为杨某某的生意做过很多软硬广告,具体负责对接、引入媒体资源,策划地产营销方案,组织公司营销团队进行楼盘的宣传销售。杨某某曾承诺根据销售额,给予王某某 2.5% 的销售佣金提成,但仅兑现了 500 万元。再结合杨某某于 2017 年给王某某书写的 2000 万元欠条,被告王某某与原告杨某某之间存在大量业务往来,王某某在工作期间及退休后帮助其生意较多,已经相互印证,不管是每月不定期的转账还是 500 万元的转账,均是王某某的正当所得。

(四)2020 年 4 月至 2021 年 3 月的转账

2020 年 4 月至 2021 年 3 月的转账是欠条 2000 万元的利息。王某某提供的补充证据第 1 页显示,2020 年 4 月 22 日,杨某某将 2 万元转账给王某某,王某某发微信问杨某某“是什么钱?”杨某某回复“利息”。此期间二人仍在同居,经常共同出游,存在共同花销,原告杨某某在庭审中也已经明确说明,二人在一起生活,已花销完毕。

综上所述,原告杨某某是完全民事行为能力人,且有相当程度的法律知识,长期经营房地产行业,名下公司涉及房地产开发、酒店投资、物业管理、餐饮等,2014 年之前杨某某向王某某的转账,系王某某的正当合法收入。2020

年的转账，系杨某某给予王某某的利息及共同生活期间的花费和支出，且已经消耗完毕。

二、杨某某向王某某的转账不构成不当得利

原告杨某某转账给被告王某某的行为为给付型，因杨某某的给付行为而产生。原告杨某某转账给被告王某某，无论是正当的报酬还是赠与均是双方在自愿、真实意思表示前提下的民事法律行为，一方自愿给付，另一方自愿接受给付，故被告王某某基于杨某某的意思表示取得利益具有法律、事实依据。

（一）不违反家事代理权，未违反法律的强制性规定

首先，原告杨某某系控股十几家公司的股东和受益人。鼎盛时，开发数个楼盘，其可以自由支配各类款项，其个人账户上的资金动辄上千万元，不同于一般的工薪家庭，且金钱属于种类物和不特定物，无法排除其使用公司资产、代表公司处分的可能。

原告杨某某与丁某某的孩子在国外读书，花费动辄上百万元，原告杨某某给予被告王某某的款项不足以撼动其正常生活，并未对丁某某的生活造成任何影响，没有超越家事代理。

（二）杨某某应对王某某的“非法索要财物”进行举证

原告杨某某在诉状中虽称“被告王某某用尽各种手段，向原告索取财物”，在庭审中亦称“她要，我就给了”，但原告杨某某并未举证存在非法索要财物的情形，其陈述无事实与法律依据。相反，被告王某某通过大量的证据（聊天记录、他人的证人证言等）证明二人在以夫妻名义同居共同生活期间感情良好，王某某为了杨某某的身体，极尽劝勉并尽“妻子”的照顾义务，劝其不要喝酒、按时吃药，从未索要过任何钱财。杨某某基于之前2000万元欠条的愧疚及同住的消费支出，对王某某每月零散的转账是其自愿给付，而且两人同吃同住需要消费，给付的钱款已经消费完毕。

（三）不违反公序良俗

公序良俗是普通老百姓的善良风俗。综观本案，王某某的行为不违反公

序良俗，本案的特殊性如下：

1. 杨某某恶意隐瞒其婚姻状况

杨某某在庭审中自述，2001年与王某某交往恋爱，而杨某某在与王某某交往期间于2003年背着王某某与其前妻丁某某在盘龙区民政局复婚。复婚时，杨某某与王某某仍在交往中。并且杨某某在庭审中也自述，从未告诉过王某某自己的婚姻状况。杨某某刻意隐瞒自己的婚姻状况，故意欺骗王某某的感情，在与王某某的交往中具有明显恶意。

2. 丁某某作为妻子的放任

庭审中丁某某的代理人称，丁某某有一半时间在国内，一半时间在国外。在国内期间，丁某某也没有与杨某某共同居住生活，明知杨某某在国内经营企业等项目，对此却不关心、不了解，丁某某对杨某某的婚外状况是明知的和放任的。

3. 王某某的善意

王某某是杨某某的高中同学，二人均是土生土长的昆明人，两人有很多共同的朋友，王某某的母亲还是杨某某的高中班主任。面对杨某某的刻意隐瞒，王某某并不知晓杨某某在二人交往期间又选择与丁某某复婚，王某某在与杨某某的交往中没有任何过错，完全是被"小三"。

公序良俗的目的在于弥补法律的不足，维护社会公共利益，实现社会的公平正义。本案中，如果支持返还，则会激起公众违法的热情，即明知自己有配偶，仍与他人发生关系的违法成本太低，会极大地导致婚外情的增加。基于本案的现实情况，杨某某明知自己有配偶仍欺骗王某某的感情，即使身为高中同学的王某某也无法避免上当受骗。

如果支持返还，实际上不仅不能弘扬社会公德和善良风俗，而且会起到对不法原因给付当事人的客观保护作用，于法理不合。客观上，杨某某人财两得的结果将会导致婚外情增加，更加不利于弘扬社会公德和善良风俗，反而给予杨某某一类人客观保护，于法理不合。

三、已经超出了诉讼时效

诉讼时效的起算,从当事人知道或应当知道其民事权利被侵害之日起计算,丁某某是否知情应依据生活常识来合理推断。杨某某与王某某公开同居,杨某某的公司同事、亲戚、朋友均知晓该二人的关系,二人并非偷偷摸摸的地下情人关系。王某某已经通过大量证据证明,再结合丁某某有半年时间在国内,综合推知丁某某是知情的。

诉讼时效的目的在于督促权利人积极行使自己的权利,而怠于行使权利则丧失胜诉权。即诉讼时效届满后,权利人丧失对其怠于行使的民事权利的胜诉权,同时对义务人产生抗辩权,义务人可以以诉讼时效届满为由抗辩权利人对其提出的履行义务的请求权。

案件结果

一审法院驳回了原告杨某某和丁某某的全部诉讼请求。二原告不服均提起上诉,二审法院驳回上诉,维持原判。

典型意义

婚外情固然可恨,但现实生活中被"小三"、被蒙蔽、被欺骗的女性不在少数,这些人的利益也需要保护。婚姻状况作为当事人的隐私,大多不为人知,就像本案中一位证人所言,我们不可能看哪个人的结婚证、离婚证,我们只能猜测。面对别人的刻意隐瞒,如本案的当事人王某某即使身为原告杨某某的高中同学,二人有如此众多的共同朋友,也无从知道当事人的具体婚姻状况。本案从被告角度入手,提供了一些思路。

当诚实信用与公序良俗发生冲突时,法律更应保护哪一法益?在本案中,应结合诚信原则,作为主动违背公序良俗的行为人杨某某,不得以此为由主张相关法律行为无效。法律不应当成为不法行为人挽回违法成本的工具,否则会助长该类违法行为人的气焰,将会导致婚外情增加,更加不利于弘扬社会公德和善良风俗,反而给予杨某某一类人客观保护,于法理不合。此类案件的处理思路及裁判结果对于保护不知情被"小三"群体的利益具有指导意义。

律师点评

本案的最大难点是被告王某某与原告杨某某的同居行为是否违反公序良俗，王某某是否为世俗意义上的"小三"。为了扭转法官可能存在的刻板印象，代理律师从二人的年龄、相识过程、对外交往、生活细节等方面全方位展现了二人的交往是不避讳旁人的公开交往，不存在违反公序良俗的情形，即使存在婚外情，也是因原告杨某某本人故意隐瞒其婚姻状况，被告王某某在整个交往过程中是善意的。虽然法院在最终评判时仍然认为杨某某与王某某的交往违反公序良俗，但结合整个案件呈现的事实，法院判定王某某对于杨某某的婚姻状况并不知情。

即便认定原告杨某某向被告王某某的给付违背公序良俗，属于不法行为，也不能支持返还。因为如果支持返还，可能会激起当事人从事不法原因的"热情"给付，明知自己有配偶仍与他人发生不正当关系的"出轨者"的违法成本太低，实质上对不法原因给付当事人起到客观的保护作用。

关于杨某某转账的款项中，王某某未直接收取该款项的，法院没有支持返还；在转账时备注了用途，无法看出被告是在没有法律根据的情况下取得不当利益的，法院也没有支持返还。2013 年转账的最大一笔 500 万元，因被告律师在举证时，列举了大量证据证明杨某某作为公司企业主的经营状况、个人资产情况，法院认为原告杨某某可以自由支配案涉款项，且依据二原告的家庭资产情况，原告杨某某赠与被告王某某的财产不足以撼动二原告家庭日常生活，未对原告生活、生产造成严重影响，不属于家庭重大支出。虽然代理律师对此款项属于正当报酬的主张因为证据链的瑕疵未获得法院认可和支持，但该思路在共同做生意、共同经营的案件中，为维护被告的权益，可普遍适用。

2020 年至 2021 年转账的 19.5 万元。因原告杨某某与被告王某某在交往期间存在同居出游的情形，法院认为，原告杨某某的转账虽具有赠与性质，但亦不能排除是用于共同生活的支出，原告杨某某向被告王某某转款具有法律上的原因。

关于举证责任的问题。不当得利纠纷类案件中，取得利益没有法律依据是认定不当得利构成的关键要件。在本案中，王某某并非基于杨某某的给付错误而取得财物，即并非因自始欠缺给付依据的取得。杨某某作为完全民事行为能力人，自愿将财物交付给王某某，未明确当时的给付依据，更未提交证据证明当时的给付依据在给付行为发生后无效或被撤销，从而导致王某某不再具备收取案涉财物的法律依据。杨某某作为主张不当得利的原告，没有完成对于不当得利法律关系要件事实的举证责任，在杨某某主张的基础法律关系缺失的情况下，举证责任尚不能转移到王某某一方。

在本案中，存在多个法律关系的竞合，诚实信用与公序良俗哪个更该被保护？杨某某的主张基于其与王某某之间存在婚外情，两级法院均认为，二人的行为违反法律规定、违背公序良俗，但是，应结合诚信原则，作为主动违背公序良俗的行为人，不得以此（违背公序良俗）为由主张相关法律行为无效，法律不该成为不法行为人挽回违法成本的工具，故杨某某的主张不应被支持和保护。

本案避不开的难点是，杨某某的转款行为是否侵害了共同原告丁某某的权益。结合全案事实，本案诉讼的发起人是原告杨某某，丁某某是被法院通知作为共同原告参加诉讼的，虽然诉讼地位也是原告，但代理律师认为被通知参加诉讼和丁某某主动发起诉讼结果可能会截然不同。从法院的审理结果看，法院主要从杨某某未超越家事代理权、未影响二人的生活生产角度论述杨某某对案涉财物的处分不属于家庭重大开支，丁某某无权请求撤销或请求确认杨某某对案涉财物的处置无效。

法律的最终目的是追求公平正义，法律不能助长恶人作恶。就个案来说，选择案由、确定诉讼地位、斟酌选择诉讼策略都极大可能影响案件结果，作为代理律师应充分挖掘案件的特殊性,找到对己方有利的诉讼策略。

律师简介

王伟华律师,北京盈科(昆明)律师事务所股权高级合伙人,婚姻家庭法律事务部主任,盈科全国优秀律师,昆明市律师协会婚姻家庭法律委员会委员,婚姻家庭法专业律师,婚姻家庭咨询师。专注于处理婚姻家庭领域法律事务,擅长处理疑难复杂诉讼案件、非诉讼调解处理家事纠纷。

离婚时一方隐瞒出轨事实，另一方能否撤销财产分割协议

——解读刘某某诉田某某离婚后财产纠纷案

龚林莉　孙红俊

案情简介

刘某某与田某某曾系夫妻，于2014年5月20日登记结婚，2019年10月14日经人民法院调解离婚，在调解过程中达成财产分割协议，但因双方所购房产及车位尚未办理不动产权证，故财产分割内容未写入调解书，而是由双方于调解离婚当日庭外签订了《协议书》。《协议书》约定："一、夫妻共同财产分割：(一)房屋：1.婚后双方购买的位于云南省昆明市某区的房屋所有权归刘某某。2.待刘某某支付所有房屋分割补偿款且可以办理房屋产权证，田某某应当配合刘某某办理房屋过户手续，刘某某应当提前通知田某某。3.房屋的剩余贷款由刘某某偿还，房屋后续的税费以及其他费用由刘某某承担，与田某某无关。(二)车位：1.刘某某婚后购买的坐落于云南省昆明市某区的车位的所有权归刘某某所有，如该车位可以办理产权证，田某某必须配合办理。2.上述车位的剩余贷款由刘某某偿还，与田某某无关。(三)分割补偿款：由刘某某向田某某补偿上述房屋及车位分割补偿款225,000元，分三期支付……四、其他：1.签订本协议后，双方不得向对方追究任何法律责任，包括精神损害赔偿……"刘某某按约定支付了两期房屋及车位折价款共计6万元后，偶然得知田某某婚内出轨，并于离婚后四五个月即产下他人子女，随即拒绝继续支付协议约定的第三笔房屋及车位折价款165,000元。田某某见状向法院递交了民事诉状，要求刘某某按照协议付

款并支付违约金。而刘某某则认为田某某婚内出轨第三者且怀有身孕，其行为构成欺诈，且严重违背公序良俗，双方签署的协议涉及财产分割的部分应当撤销，不得作为定案依据。故，刘某某另案提起诉讼，要求法院撤销《协议书》中第一条夫妻共同财产之全部内容及第四条第 1 款的内容。

律师策略

本案是一起因当事人行使撤销权引发的离婚后财产纠纷案，实为撤销之诉。当事人刘某某找到笔者咨询后，笔者了解到，刘某某与田某某所签《协议书》中所涉房屋及车位，系刘某某出售婚前个人房产后，用所得价款付首付办理按揭购买，离婚时考虑到曾经的夫妻感情，几乎是均等分割。由于田某某曾经是模特，身材保持较好，离婚前二人已数月未见，离婚当天田某某又着装宽松，刘某某及其诉讼代理人均未察觉田某某已怀孕。因此，在得知田某某离婚后不久即产下子女的消息后，刘某某觉得自己被背叛，情感上难以接受，故而在剩余款项的支付上与田某某产生争议，二人多次沟通协商无果，后田某某起诉要求继续履行协议，刘某某则希望可以撤销财产分割的内容，再按照过错程度、财产的贡献度重新分割财产。在接受委托后，笔者认为本案的关键点在于如何举证证明田某某离婚后不久即产子的事实以及隐瞒出轨并怀孕的事实是否构成撤销相关条款的条件。

关于举证问题。笔者询问了当事人，目前是否有证据能够证明田某某产子的时间，但很遗憾，离婚后刘某某对于田某某当时的生活居住地、工作情况等都不了解，也无法查看田某某朋友圈，在刘某某与田某某协商后续款项支付事宜时，田某某亦未承认生子一事。同时，刘某某亦无法确认田某某确切的生子时间，该消息是他无意间从朋友处得知，朋友也无法给到他举证上的帮助。于是笔者建议刘某某打听田某某的现居住地实地去取证，或打听到其生产医院，由笔者向法院申请律师调查令后去调取证据。但是，刘某某直至起诉前都未完成实地取证，亦未打听到田某某生产医院，给笔者的调查取证带来了极大的困难。笔者多次与承办法官沟通调查取证事宜,包括调查田某某的婚姻信息、田某某户籍下子女信息等,但大多因涉及当事人隐私及可能侵犯第三人信息而未获准。法官仅同意开具调查令让笔者向医院调取病历资料,笔者持调查令到多家医院均调查无果。最后,笔者通过向妇产科医生了解情况并在网上查询,了解到市级卫生健康委员会作为主管机构,设有市级妇幼健康信息系统,会对辖区内所有医院新生儿出生情况做统计存档。于是,笔者第一时间与法官沟通向昆明市卫生健康委员会调查取证的相关事宜,且为了避免侵犯他人隐私及他人信息,笔者在调查令申请中仅要求调取"田某某于2020年度在昆明市辖区任一医院生育子女的新生儿出生日期",如此一来,此信息并不涉及新生儿的姓名、新生儿父亲等信息,法官遂同意开具律师调查令。最终昆明市卫生健康委员会向法院出具《昆明市卫生健康委员会关于云南省某人民法院调查事项的函》,载明"田某某于2020年2月24日10时42分在昆明市某医院分娩一女婴"。至此,成功完成取证。

关于隐瞒出轨并怀孕的事实是否构成撤销协议的条件。笔者在接受当事人委托后,根据相关法律规定,参照原《最高人民法院关于贯彻执行〈中华人民共和国民法通则〉若干问题的意见(试行)》第68条的规定:"一方当事人故意告知对方虚假情况,或者故意隐瞒真实情况,诱使对方当事人作出错误意思表示的,可以认定为欺诈行为。"分析认为本案田某某的行为可以定性为欺诈,本案即属于因欺诈而可撤销的情形。按照这一思路,我们充分研究相关法律法规的适用问题,检索近年来全国各地法院审理的撤销离婚协议及关联协议的纠纷,并系统梳理检索到相关案例的主要诉讼请求、争议焦点、判决结果等信息,做好调研分析工作。通过检索及分析,笔者发现,大部分法院将类似情况认定为欺诈,也有部分法院认定为重大误解,但无论定性为哪一类,当事人均享有撤销权。笔者通过对比后,选择以欺诈作为事由向人民法院起诉。

工作成果摘录

代理词（节选）

一、被告离婚时隐瞒了婚内出轨并怀有第三者孩子的事实，已构成对原告的欺诈、欺骗，使原告在签署《协议书》时作出不真实的意思表示，故原告有权利要求撤销《协议书》中的相关条款

本案案由虽定为离婚后财产纠纷，但实际是撤销之诉，且案涉《协议书》并非原、被告因协议离婚产生的离婚协议，而是在人民法院调解离婚后单独针对财产相关事宜签署的协议，应当适用《民法总则》《合同法》等法律法规中有关撤销权的规定。

《民法总则》第148条规定："一方以欺诈手段，使对方在违背真实意思的情况下实施的民事法律行为，受欺诈方有权请求人民法院或者仲裁机构予以撤销。"

本案中，昆明市卫生健康委员会的回函显示，被告在与原告离婚后短短4个月即产下第三者孩子，可见其2019年7月向原告提出离婚的主要原因系婚内出轨第三者并已怀孕，急于与第三者组建新的家庭，于是在原告不同意离婚，希望将被告劝回身边的情况下，她于2019年7月30日即向法院起诉离婚。夫妻离婚，不同于其他法律行为，中间掺杂了太多身份以及情感的因素，被告在明知自己出轨并怀孕的情况下，向原告隐瞒不忠于婚姻的重大事实，导致原告在对离婚原因及婚姻过错存在重大误解的情况下作出错误意思表示，构成欺诈且显失公平，原告有权请求撤销《协议书》中的相关内容。

同时，被告婚内出轨，不仅违反了《婚姻法》第4条关于夫妻之间相互忠实的法定义务，也违背了中华民族的传统美德，有悖于公序良俗，如若不加以责罚，将不利于社会风气维护。在本案中，应当保护婚姻关系中无过错的原告的合法权益。

故本案所涉《协议书》本就是原告放弃了重大利益作出的意思表示，而在

被告现被发现并承认有婚姻出轨的重大事实基础之上，应当予以撤销，方能彰显法律之正义！

二、原告提起本案诉讼未超过一年除斥期间，该期间应从原告知道或者应当知道被告生子的时间点作为起算时间

《民法总则》第152条规定："有下列情形之一的，撤销权消灭：（一）当事人自知道或者应当知道撤销事由之日起一年内、重大误解的当事人自知道或者应当知道撤销事由之日起三个月内没有行使撤销权……"

本案中，原告于2020年6月无意间从朋友处得知被告生子的事实，方知被告在婚内已出轨并怀有第三者孩子，且被告生子的事实直至庭审时才最终确定，故本案时效应当从原告主张的知晓时间起算，而原告于2021年2月4日已提起本诉，并未经过一年除斥期间。

庭审中被告辩称，本案应适用《最高人民法院关于适用〈中华人民共和国婚姻法〉若干问题的解释（二）》第9条第1款"男女双方协议离婚后一年内就财产分割问题反悔，请求变更或者撤销财产分割协议的，人民法院应当受理"之规定，本案双方于2019年10月14日签署《协议书》，至2021年2月4日已过一年期间。如前所述，本案原、被告并非在婚姻登记机关办理离婚登记手续而离婚，故不能适用前款规定。另外，如果法院认为案涉《协议书》属于因离婚财产分割而签署的协议，故应适用《婚姻法》及司法解释的规定，则根据《最高人民法院关于适用〈中华人民共和国民法典〉时间效力的若干规定》第2条"民法典施行前的法律事实引起的民事纠纷案件，当时的法律、司法解释有规定，适用当时的法律、司法解释的规定，但是适用民法典的规定更有利于保护民事主体合法权益，更有利于维护社会和经济秩序，更有利于弘扬社会主义核心价值观的除外"之规定，本案应适用《最高人民法院关于适用〈中华人民共和国民法典〉婚姻家庭编的解释（一）》第70条第1款"夫妻双方协议离婚后就财产分割问题反悔，请求撤销财产分割协议的，人民法院应当受理"之规定，在该规定中已删除了"协议离婚后一年内"的表述。同时，《民法典》

第 152 条对于撤销权期限的规定是，当事人自知道或者应当知道撤销事由之日起一年内没有行使撤销权的，撤销权消灭。故适用《民法典》及司法解释之规定，更有利于维护社会秩序，弘扬社会正义！如此一来，亦应以原告知道或应当知道的时间为起点。

故本案原告起诉时间并未过一年除斥期间。

三、被告所举证据并不能证实原告知晓被告出轨且怀有第三者孩子之事实，且从被告的答辩意见来看，被告亦有隐瞒与欺骗之故意

（一）微信聊天记录不足以证实原告知晓被告出轨的事实，且出轨与出轨并怀有第三者孩子这两种情况对原告造成的伤害程度明显是不能等同的。

被告在庭审中提交原、被告 2019 年 7 月 7 日的聊天记录，认为原告所发送的微信“也许‘他’真的很好，但我可以确定的是你必将失去这个世界上对你最好的人，没有之一……”能够证实原告在离婚前已明知被告婚内出轨的事实。代理人认为，以上聊天记录并不能证实原告知晓被告出轨；相反，却能证实被告对出轨之事做了刻意的隐瞒，理由如下：

首先，夫妻二人中一人执意离婚，另一人必然思考：“她执意离婚的原因是什么？”在这种情况下，怀疑对方出轨属人之常情。但怀疑与“明知”并非等同的概念，除非在怀疑过后得到对方肯定的答案，或遇到对方与其出轨对象，出轨的事情败露，否则不能单纯以原告的怀疑来定义为知晓。而综观二人的聊天记录，从始至终，被告从未承认出轨的事实，反而最后回复的是“最后还是那句话，不要两个人的问题牵扯出些有的没的来”，故无法确认原告明知。

其次，“他”本就是个代词，可以代指任何事项，可以理解为被怀疑的出轨对象，也可以理解为向往的未来生活，并不能从一个“他”字得出原告明知被告出轨的结论。

最后，即使上述聊天记录能够认定原告明知被告婚内出轨的事实，但现查明的是被告不仅出轨且怀有第三者孩子，其严重程度、对原告的伤害程度并不等同。

（二）从被告的答辩意见也可以看出被告刻意隐瞒与欺骗之故意。

本案开庭时，被告本人虽未出庭，但其委托了代理人出庭，代理人的答辩意见即代表被告本人的意见，其代理人在法庭出示卫生健康委员会函件前答辩说“被告未与他人同居，不存在出轨的事实”。并且，在法庭出示昆明市卫生健康委员会的回函时，被告代理人质证称：“孩子也有可能是原告刘某某的。”在法庭再三明示后，被告代理人才在跟被告本人沟通后，承认被告婚内出轨并怀有他人孩子的事实。以上足以体现被告的刻意隐瞒与欺骗！

因此，被告对于原告已明知的抗辩不能成立。

以上代理意见，请法院依法予以考虑并采纳。

案件结果

本案一审法院认定了被告田某某于婚内出轨并怀有第三者孩子的事实，但适用原《最高人民法院关于适用〈中华人民共和国婚姻法〉若干问题的解释（二）》第9条之规定，认为原告向一审法院主张权利时，已超过一年的时效，故判决驳回原告的诉讼请求。后笔者代理原告上诉，二审法院在确认一审所查明事实的基础上，适用原《民法总则》及原《合同法》的相关规定，对本案依法进行改判，判决撤销2019年10月14日刘某某与田某某签订的《协议书》中第一条夫妻共同财产之全部内容及第四条第1款的内容。

典型意义

本案是一起典型的婚内出轨引发离婚后财产纠纷的案例。离婚时，一方隐瞒已怀有身孕的事实，让另一方对于离婚事由及是否存在婚姻过错产生误解，进而作出均等分割夫妻共同财产的意思表示。在履行离婚协议过程中，出轨事实被对方知晓后，双方产生争议。虽说二人已离婚，不再是夫妻，但未出轨一方在得知另一方离婚时已经不忠于婚姻的事实后，无论是在情感上还是心理上均承受着巨大的打击，并且此类行为亦不被法律允许。

我国原《民法总则》及《民法典》均规定“民事主体从事民事活动，不得违反法律，不得违背公序良俗”，原《婚姻法》及《民法典》婚姻家庭编亦规定“夫妻应当互相忠实”。案件中田某某的婚内出轨行为，不仅违反了法律的规定，也违背了中华民族的传统美德，有悖公序良俗，如若不加以责罚，将不利于社会风气维护，不能为公众树立正确的人生观和价值观。本案充分体现了法律倡导的正确价值观，使无过错一方在离婚后依然能有途径维护自身的合法权益，也在一定程度上明确了“离婚时隐瞒出轨且怀有第三者孩子的事实属于签署协议时的欺诈情形”之裁判要旨，为同类案件的处理提供了一定的借鉴意义，具有良好的社会效果。此外，本案的调查取证经验亦对同类案件的处理具有一定的参考价值，在女方出轨且与婚外异性生育子女的情形下，可以通过人民法院开具调查令的方式向卫生健康委员会调取生育信息，进而完成举证。

律师点评

本案在法律适用上存在争议，包括一审、二审法院也因适用不同的法律规定而作出了相反的判决。一审法院适用原《最高人民法院关于适用〈中华人民共和国婚姻法〉若干问题的解释（二）》第9条，认定本案属于协议离婚后对于财产分割反悔的情形，应受限于协议签订后一年的除斥期间；而二审法院适用原《民法总则》及原《合同法》关于撤销权的规定，最终以“知道或者应当知道撤销事由之日起”作为一年期间的起算时间，其理由为“本案立案案由虽然是离婚后财产纠纷，但从上诉人的诉讼请求，即诉争的法律关系来看，实为撤销之诉”。在法律适用上，笔者更赞同二审法院的观点。理由为：

其一，原《最高人民法院关于适用〈中华人民共和国婚姻法〉若干问题的解释（二）》第9条适用的前提条件是“男女双方协议离婚后”，而本案原、被告并非属于协议离婚，而是诉讼调解离婚后签署财产分割协议。

其二，原《最高人民法院关于适用〈中华人民共和国婚姻法〉若干问题的解释（二）》第9条实质是对于婚姻类案件中撤销权的规定，但该条所规定的时效期间与上位法相冲突，根据法的位阶原则，理应适用原《民法总则》及原《合同法》的相关规定。

其三，根据笔者办案过程中所做检索报告来看，即使是协议离婚后，一方当事人发现另一方婚内存在出轨的事实而主张撤销离婚协议的，各地人民法院也几乎适用了原《民法总则》及原《合同法》之规定，以知道或者应当知道作为起算时间，如湖南省长沙市中级人民法院（2019）湘 01 民终 5289 号民事判决书、北京市石景山区人民法院（2018）京 0107 民初 26842 号民事判决书、四川省宣汉县人民法院（2020）川 1722 民初 791 号民事判决书等。

另外，如果案件事实发生在 2021 年 1 月 1 日《民法典》生效后，则在协议离婚后发现另一方离婚时已出轨的情形之下，诉讼时效的起算点将不再有争议。《最高人民法院关于适用〈中华人民共和国民法典〉婚姻家庭编的解释（一）》第 70 条是原《最高人民法院关于适用〈中华人民共和国婚姻法〉若干问题的解释（二）》第 9 条的沿革，但作出了适当的修改，修改后的条文内容为“夫妻双方协议离婚后就财产分割问题反悔，请求撤销财产分割协议的，人民法院应当受理。人民法院审理后，未发现订立财产分割协议时存在欺诈、胁迫等情形的，应当依法驳回当事人的诉讼请求”。可以看到，本条删除了原条文“夫妻双方协议离婚后一年内”中“一年内”的表述，理由是原条文关于“一年”期间的规定欠缺法律依据，理应适用《民法典》第 152 条“有下列情形之一的，撤销权消灭：（一）当事人自知道或者应当知道撤销事由之日起一年内、重大误解的当事人自知道或者应当知道撤销事由之日起九十日内没有行使撤销权……”来确定。

最后，在本案处理过程中，被告田某某一方一直主张原告刘某某在离婚时明知其出轨的事实，想以此来推卸责任。为避免出现类似情形，为更好地维护自身的合法权益，笔者建议通过协议离婚或类似于案例中诉讼离婚后签署财产分割协议的当事人，在相关协议中写明离婚的原因，并注明“双方共同确认婚内不存在出轨、与第三人同居等不忠于婚姻的行为及事实”，为将来出现问题而要维权时打下基础。

律师简介

龚林莉律师，从事律师工作12年，北京盈科（昆明）律师事务所合伙人，婚姻家事法律事务部副主任，盈科全国优秀律师，昆明市律师协会婚姻家庭法律委员会委员。具有中级律师职称，专注于处理婚姻家庭法律事务，包含婚姻家事类诉讼及非诉讼、财富管理及财富传承规划等。

孙红俊律师，北京盈科（昆明）律师事务所专职律师，盈科（昆明）2022年度优秀律师，盈科（昆明）婚姻家庭法律事务部骨干成员。有近10年的保险从业经历，保险公司一星讲师，专注于婚姻家事、保险、家庭财富规划与传承领域。

外祖母过户给外孙的房屋如何要回

——亲属间赠与合同无效或撤销的认定

刘春莹　郝　云

案情简介

黄某与安某系外祖孙关系，黄某是外婆，安某为外孙。2020 年 6 月 16 日，黄某将其名下房屋通过赠与方式转移登记至安某名下，不动产登记中心的《房屋赠与合同》记载，黄某无偿将房屋赠与安某。

2020 年 6 月 20 日，二人签订协议书，约定：(1) 甲方：黄某有产权证房一套，以低价半买半送的形式以人民币 80 万元过户给外孙安某。此 80 万元由安某的母亲尤某交于黄某作为养老金，于 2021 年 3 月 2 日支付 50 万元，2022 年 3 月 2 日支付 10 万元，剩余 20 万元最晚在 2023 年 3 月 2 日支付到位，否则以房屋抵押。①在 2022 年 3 月 2 日前我一旦发生意外事故，他们欠我(黄某)的钱，全部交于我在上海的外孙女庆某继承。②一旦我有重病，他们欠我的钱一次性付清。(2) 乙方：外孙安某照顾其外婆(甲方黄某)晚年生活起居、病老，并且房屋让外婆(甲方)一直住到百年，不准撵走。其间，外婆不负责照顾安某小家庭的日常生活，并且乙方父母不与外婆(甲方)同住该房。(3) 乙方：在日常生活中安某不能虐待外婆(甲方)，要善待外婆，在外婆百年前不得转让、买卖、出租该房屋。(4) 外婆(甲方)不与乙方的父母同住该房。(5) 乙方安某如违反该协议条款，甲方黄某有权追究其法律责任。

2020 年 7 月 14 日至 10 月 2 日，黄某因头晕、肢体麻木、胃病等多次就诊。其间，黄某在2020年9月23日至10月2日住院10天进行结肠息肉手术，安某均未陪同黄某就诊治疗。

律师策略

本案是一起典型的老年人附义务赠与纠纷案件，黄某是一位80多岁的老人，她的诉求是将赠与安某的房屋要回。笔者在与黄某的沟通过程中了解到，黄某最初是想把房子卖掉，用卖房的钱养老，安某主动提出把房子半卖半送给自己，自己给黄某养老。但是房子过户到安某名下后，安某多次和黄某发生争吵，日常不照顾黄某的生活起居，且多次直呼其名，对其大吼大叫，黄某生病住院时也没有陪同照顾，还对黄某说只让黄某住到自己结婚。笔者认为，本案不能简单作为一个赠与合同纠纷处理，本案的本质是维护老年人权益，不能让辛苦一辈子的老人老无所养、老无所依。因此，笔者认为，该合同纠纷案件具有保护老年人合法权益的特殊性，故而在诉讼中既要主张备案的合同无效，也要主张撤销祖孙二人房屋过户后签订的协议书。

原《民法总则》第146条规定，行为人与相对人以虚假的意思表示实施的民事法律行为无效。因为祖孙二人签订的协议书中对赠与的原因进行了明确的约定，因此房产登记中心备案的赠与合同中约定的“无偿赠与”并非双方的真实意思表示，所以备案的赠与合同属于无效合同。原《合同法》第190条规定，赠与可以附义务。赠与附义务的，受赠人应当按照约定履行义务。在协议书中二人明确约定了安某要取得该房屋需要给黄某80万元，并且照顾黄某的晚年生活，因此协议书属于附义务的赠与合同。原《合同法》第192条规定，受赠人不履行赠与合同约定的义务时赠与人可以撤销赠与。收集证据证明安某没有履行赠与合同中约定的义务是接下来的工作难点。

笔者接受委托后告诉黄某，一定要注意收集证据、保存证据，如果安某对黄某辱骂、明确说不赡养黄某，黄某可录音取证。之后，安某又多次因为房子问题与黄某争吵、辱骂黄某，黄某均录音。本案进入诉讼程序后，除赠与合同及协议书外，笔者将黄某与安某的10段对话录音、大量微信截图及黄某10次去门诊就医和住院10天的病历等全部整理后提交给法院，法院最终认定安某没有履行协议书中约定的照顾黄某晚年生活起居的义务。

工作成果摘录

代 理 词

依据《老年人权益保障法》，原告的合法权益应受保护。

一、原告和被告签订的《房屋赠与合同》系以虚假的意思表示实施的民事法律行为。《民法总则》第146条规定，行为人与相对人以虚假的意思表示实施的民事法律行为无效，故案涉《房屋赠与合同》无效。

二、被告违背双方关于赡养原告的约定，被告不履行房屋赠与所附义务，因此，原告可以撤销协议书。

本案原告把房屋过户给被告是附义务的。双方在2020年6月20日签订的协议中明确约定，安某履行照顾其外婆黄某晚年生活起居、病老义务，并且让外婆（甲方）一直住到百年，且乙方父母不与外婆同住该房。黄某强调：我都77岁了，身体多病，左半身麻木，走路也不好，身边需要人照顾。过户是解决养老问题，安某保证负责黄某生活起居、生老病死。协议中也约定，乙方安某如违反该协议条款，甲方黄某有权追究其法律责任。

安某违背双方关于赡养的约定，属于安某不履行房屋赠与所附义务。在房产过户给安某后，安某和黄某大吵一架，之后未再过问黄某的生活问题，未尽照顾生活起居义务，黄某全部独自就医。房屋过户后，安某对黄某态度发生巨变。安某对黄某或大吼大叫、直呼其名，无起码的尊重，多次说："3年之内别给我打电话，别找我"；或不予理睬、不予照顾，严重伤害黄某感情，告诉黄某只让其住到安某结婚，之后另行安排黄某住处。房屋过户后，2020年7月14日至10月2日，黄某去门诊就医10次，因结肠息肉住院10天，安某均未陪同及探望黄某。

《合同法》第190条规定，赠与可以附义务。赠与附义务的，受赠人应当按照约定履行义务。《合同法》第192条第1款第3项规定，受赠人不履行赠与合同约定的义务，赠与人可以撤销赠与。

三、被告应协助原告把案涉房屋过户给原告本人。

《民法总则》第157条规定，民事法律行为无效、被撤销或者确定不发生效力后，行为人因该行为取得的财产，应当予以返还。《合同法》第194条规定，撤销权人撤销赠与的，可以向受赠人要求返还赠与的财产。

四、本案的实质是原告老有所养、老有所依的养老问题。

《老年人权益保障法》第14条规定，赡养人应当履行对老年人经济上供养、生活上照料和精神上慰藉的义务，照顾老年人的特殊需要。赡养人是指老年人的子女以及其他依法负有赡养义务的人。

案件结果

本案一审法院认为黄某与安某在不动产登记中心签订的《房屋赠与合同》因不是双方当事人的真实意思表示而无效，二人签订的协议书系附义务的赠与合同，安某并未履行赠与合同所附义务，因此该协议书被撤销。法院判决安某在10日内将该房屋过户给黄某。

典型意义

2021年5月11日，国家统计局、国务院第七次全国人口普查领导小组办公室发布了《第七次全国人口普查公报》，报告显示，2020年，全国人口中60岁及以上人口为264,018,766人，占18.70%，其中65岁及以上人口为190,635,280人，占13.50%。①

随着我国人口老龄化的加速，老年人权益保护问题频发。养老是老年人最关心

① 国家统计局：《第七次全国人口普查公报（第五号）》，载国家统计局网2021年5月11日，http://www.stats.gov.cn/sj/tjgb/rkpcgb/qgrkpcgb/202302/t20230206_1902005.html。

的问题，多数老年人会选择将自己的房子交给亲属，由亲属为自己养老。但如果得到房子的亲属在房子过户后翻脸不认人，老年人的养老愿望将落空。本案系关乎民生养老的典型家事纠纷案件，不仅可以给广大老年人以警示作用，提醒老年人在房屋过户之前谨慎小心，也可以引导公民自觉履行社会责任，积极维护老年人合法权益以及营造和谐的社会氛围，对于同类型家事纠纷的审判具有借鉴意义。

律师点评

本案中出现的赠与合同及协议书属于典型的“阴阳合同”，根据相关法律规定，“阴合同”因虚假的意思表示而无效，“阳合同”的效力要根据该合同的性质和适用于该合同的法律规定进行处理。适用于该情况的法律依据主要是原《民法总则》第 146 条，《民法典》正式实施后也是第 146 条，“行为人与相对人以虚假的意思表示实施的民事法律行为无效。以虚假的意思表示隐藏的民事法律行为的效力，依照有关法律规定处理”。

本案的“阳合同”中黄某与安某约定“外孙安某履行照顾其外婆（甲方黄某）晚年生活起居、病老义务”，因此该合同属于典型的附义务的赠与合同，适用于该情况的法条主要是原《合同法》第 190 条、第 192 条和第 194 条。《民法典》正式实施后则是第 661 条，“赠与可以附义务。赠与附义务的，受赠人应当按照约定履行义务”。以及第 663 条，“受赠人有下列情形之一的，赠与人可以撤销赠与：（一）严重侵害赠与人或者赠与人近亲属的合法权益；（二）对赠与人有扶养义务而不履行；（三）不履行赠与合同约定的义务。赠与人的撤销权，自知道或者应当知道撤销事由之日起一年内行使”。第 665 条，“撤销权人撤销赠与的，可以向受赠人请求返还赠与的财产”。

对于这类附赡养义务的赠与且房屋已经转移登记的案件，其争议焦点多为赠与人和受赠人之间是否形成附义务的赠与合同、合同是否符合法定撤销的条件。

要证明赠与人和受赠人之间形成附义务的赠与合同，最直接的证据就是进行明确约定的书面合同。但是在司法实践中,老百姓的法律素养参差不齐,许多老人将房产过户后并没有和子女之间签订书面协议,也没有关于赡养约定的录音,当得到房子的亲属不认可约定了赡养等义务时,法院很难支持主张附义务一方。尤其是在赠与人和受赠人之间并非亲属关系的情况下,法官更倾向于认定为普通的赠与。此时在组织证据时应当最大限度地让法官相信二人之间的赠与为附赡养义务的赠与,并非普通赠与,应提交以下三个方面的证据来证明:(1)赠与人的家庭情况,是否有配偶、子女以及其他近亲属。(2)赠与人和受赠人是否居住在一起,是否在事实上形成了赡养关系。如果赠与人和受赠人在一起居住,更会让法官相信二人之间已经达成了附赡养义务的赠与的合意。(3)赠与人赠与的房产是否为自己的唯一住房。如果是唯一住房,则更会令人相信是以赠与房屋的方式养老。

要证明合同符合法定撤销的条件,就需要证明受赠人没有履行合同约定的赡养义务,因该事实很难通过单一证据直接说明,因此需要赠与人在日常生活中注意取证,包括与受赠人对话的录音(在录音中最好能听到受赠人对赠与人态度恶劣,或者明确表明不赡养赠与人)、微信或短信聊天记录截图,还可以通过申请证人出庭的方式,让了解情况的亲属、朋友、邻居等人出庭作证、说明情况。此外,赠与人还可以提交自己的病历,以此证明自己现在需要赡养的情况。

在此类案件中,赠与人还会面临的一个问题就是受赠人在赠与的房屋过户到自己名下后又将房屋出卖给第三人,如果第三人为善意第三人,此时即使赠与人可以依据法定撤销权将赠与合同撤销,房屋也无法要回,只能取得相应款项。

本案黄某能成功要回房屋,得益于《房屋赠与合同》备案后又与外孙签订了约定明确的协议书及黄某成功录制的多段录音。如果该案没有明确约定的协议书,也没有安某对黄某辱骂、明确说出不赡养的录音,黄某未必能成功要回房子。

笔者在这里提示各位老年朋友，将自己的房屋过户到他人名下一定要慎重。一旦受赠人不兑现为其养老的承诺，老年朋友后续撤销合同要回房子会有风险，同时会给老人带来极大的烦恼。如果要选择赠房养老的方式，可以在赠与合同中设定一项居住权保留条款，为赠与人在该房屋中保留居住权，同时到登记机构申请居住权登记，此时受赠人就有义务让赠与人居住在该房屋中。①

律师简介

刘春莹律师，北京市盈科（大连）律师事务所律师、股权高级合伙人，婚姻家庭与家族财富传承法律事务所二部主任、女工委主任，毕业于西南政法大学，西南政法大学辽宁省校友会副会长，大连财经学院客座教授，大连市律师协会婚姻家庭专业委员会副主任，辽宁省律师协会婚姻家庭专业委员会委员、未成年人保护委员会委员，法律出版社出版的《离婚关联纠纷法律应对指南》副主编，深耕婚姻继承家事领域20年。

郝云律师，北京市盈科（大连）律师事务所律师，婚姻家庭与家族财富传承法律事务部二部副主任，致力于民事、商事诉讼，个人及企业税务筹划业务。

① 胡家祚：《房屋赠与合同公证中的赠与人居住权益》，载《中国公证》2013年第5期。

非婚生子抚养费的确定标准

——解读儿子诉亲爹抚养费纠纷案

魏巧灵

案情简介

刘甲(女)与傅某(男)于2009年5月通过网络相识,同年10月确定恋爱关系。2011年9月13日,刘甲生下一子刘乙。2012年春节,双方举行了婚礼,但未办理结婚登记。后因双方感情恶化,两人分手,孩子刘乙由刘甲独自抚养并长期在中山生活,双方之间亦无任何联系。随着孩子渐渐长大,为了解决孩子上学户籍事宜,刘甲不得不联系傅某。此时,刘甲发现傅某已经再婚又生子。一方面,刘乙处于青春期且对傅某的需要越来越强烈;另一方面,傅某对自己的亲生儿子刘乙显得格外冷漠,加上刘乙教育、医疗等各项费用开支逐渐增多,刘甲感觉生活压力日渐沉重、各种情感羁绊越来越深,她认为傅某无论是在物质上还是精神上,都应承担起抚养孩子的义务。刘甲提到,傅某曾短信邀请刘乙暑假来家里玩,刘乙兴高采烈地从外地赶来见父亲,傅某却故意躲避不见,继母把刘乙的东西扔出家门。刘甲得知后火冒三丈,在刘乙等了几天仍见不到傅某踪影后,为了让傅某给母子俩一个说法,确保刘乙利益最大化,刘甲前来律所委托律师诉讼。

律师策略

本案是一起特殊的追索抚养费纠纷案件。当事人刘甲经朋友推荐找到我们,义愤填膺地倒出了自己满肚子的苦水和不满,表达了自己含辛茹苦带孩子的不易，吐露了自己内心深处的情感和法律诉求。通过沟通、梳理，律师对当事人的诉求进行了整理、归纳，包括傅某支付刘乙抚养费、对刘乙行使探望权、对刘乙实施家庭教育等，并最终确定本案的核心诉求是傅某支付刘乙抚养费。

本案的特点和难点在于：

1. 傅某已经再婚且又生育了子女。

2. 刘甲从傅某口中得知，傅某有房有车也有稳定收入来源，但刘甲对傅某工作单位、真实的财产线索和收入状况一概不知。这对于刘甲在追讨抚养费的额度确定上具有较大影响。

3. 刘甲在刘乙身上倾注了全部精力和心血，除了衣食住行等基础开支外，文教娱培皆有开支，但法院判决确定的标准并不一定能覆盖上述开支，刘甲从情感上一时无法接受法律和现实的差距。

4. 刘甲在对比傅某对待两个孩子（一个非婚生、一个婚生）的不同态度后，担心傅某知道自己被起诉而转移财产造成履行障碍。

在分析完案件的难点后，律师提出以下诉讼策略：

1. 我方在提起抚养费诉讼时，同时提出财产保全申请，防止对方转移财产，避免将来案件难以执行的风险。

2. 以刘乙现在实际需要为基准，上浮 20% 主张抚养费，一方面间接地告知对方刘甲的付出，另一方面为双方协商谈判留下空间。

3. 尽可能了解、核实男方的收入情况。通过网络尽职调查和实地查询等方式，了解到男方名下的住房、社保、公司等资产情况，从而证实其收入能力并为抚养费数额确定奠定了基础。

工作成果摘录

代理词（节选）

第一，被告与原告是父子关系，被告应当承担原告的抚养费。

1. 无论被告与原告母亲之间存在怎样的感情纠葛，都不能影响被告作为父亲对原告应尽的抚养责任和义务，更不能成为被告多年来对原告不管不顾、逃避抚养原告的借口。

2. 原告从出生至今，一直由其母亲独立抚养长大，被告没有给过原告任何抚养费用，被告负担原告的抚养费，是法定义务和传统道德的要求。

第二，鉴于被告从未支付过原告任何抚养费，被告应一次性支付原告抚养费（自出生起至2022年8月31日止）506,800元；鉴于原、被告关系特殊且被告具有一定的经济基础和收入来源，被告应一次性支付原告抚养费（自2022年9月1日起至18周岁止）386,400元。

（一）原告的实际需要

据部分统计，原告从出生至今的教育费、生活费和医疗费为506,800元。

1. 原告母亲不是财务专业的，也不是法律专业的，日常没有财务整理和保存凭据、留下证据的习惯，一心操心如何挣钱养育原告，而无暇顾及原告每一项细枝末节的花销，只提供了近年度的花销。虽原告母亲未提供对原告抚养所支付抚养费、生育费具体金额的全部证据材料，但上述费用均是其在抚养原告过程中已经发生的费用；根据《中国生育成本报告2022年版》的数据，全国0～17岁孩子的平均养育成本为485,218元；分地区的0～17岁孩子平均养育成本，广东省为652,570元，湖北省为485,398元。原告的养育成本符合实际情况，应当予以支持。

2. 被告自行出具的《声明书》显示，“被告同意刘乙迁入刘甲所在的户籍以及今后的户籍随迁”，由于被告未协助办理原告户口登记，导致原告不得不为了正常求学而上私立学校，由此支出的相应学费应当由被告全额自行承担。

3. 被告的课外培训支出，如游泳、武术、篮球、跆拳道等均与男孩子的自我保护有关，这些项目不仅是一项教育支出，更是原告打发父亲不在身边的时间、寻求心理寄托和加强男子汉自我保护的一种方式和本能。该支出系被告长期对原告不管不顾所造成，属于原告合理开支，应当由被告全额承担。

4. 根据原告从出生起至2022年8月31日已经发生抚养费的总金额506,800元，分摊到以往每个月已产生的抚养费为506,800元÷11年÷12个月/年=3840元/月。考虑到原告未来教育、医疗、生活等的实际需要越来越高以及实际生活水平越来越高等合理因素，原告主张在原有基础上提升20%的抚养费，即4600元/月，则至原告18周岁止的抚养费为386,400元（7年×4600元/月×12个月/年）。

5. 确定抚养支出赔偿标准时需结合个体家庭生活水平差异和抚养孩子的支出项目及凭证等因素。原告母亲提供的仅是原告的教育费、生活费和医疗费的显性支出，而日常的衣食住行及子女人格塑造性情培养类的言行教养乃至课外培养等隐性支出极难统计，亦难以用数字来衡量，而原告并未另行主张。

（二）被告的负担能力

就举证角度而言，被告作为其收入的最佳知情人和证据的持有方，应当如实陈述并主动提交全部收入情况的材料。据了解，被告具有雄厚的经济实力和多方面的收入来源。但是被告仅提供部分工资，不仅自相矛盾且与事实严重不符，其月总收入远不止3252.06元，明显存在隐瞒和谎报。

1. 被告月固定工资收入有7707元，并不是其声称的3252.06元。被告故意隐瞒工资情况，应当予以惩戒。

（1）被告虽然提供了几张截图证明工资收入，但实际上根据被告发放工资规律可以看出[参见表1和表2（略）]，被告每月收到2笔工资款项，除了6月是当天发了2笔，剩余月份均是在3个工作日内收到第2笔工资款项，而且工资几乎都有小数点，7月6日（发放3186.98元）和11日（发放4520.02元）与8月5日（发放3186.98元）和10日（发放4520.02元）高度吻合。我们有理由相信这不是巧合，而是规律，是被告公司在财务和税务上的刻意安排，即被告每月收到2笔工资，固定月工资为7707元，并不是3252.06元。

（2）根据湖北省人力资源和社会保障厅、湖北省医疗保障局、国家税务总局湖北省税务局发布的2022年度社会保险缴费基数标准,“第1档:武汉市和省直,社会保险缴费基数月标准为6795元,个人缴费基数上限为20,385元,个人缴费基数下限为4077元”,结合被告2022年6月至10月缴费基数(4088元、4077元),也说明被告月工资收入明显不止3252.06元。

2. 工资收入只是收入来源的一种渠道。被告仅2021年就提前还房贷43万余元,足见其实际收入丰厚。

(1)被告名下有自有房产一套。

根据原告提供的房产信息,被告于2018年6月8日购买坐落于黄陂区盘龙城经济开发区×栋×单元×层×室的房产一套,房产成交价为146.51万元。根据被告当庭陈述,该房产首付45万元左右;根据被告提供的个人贷款对账单,被告贷款102万元,最早每月还款6197.63元。

需要格外注意的是,被告于2021年8月21日提前还款250,815.82元,2021年11月21日提前还款182,484.88元(参见被告证据第9页)。截至2022年11月,被告尚欠剩余贷款525,900.72元。明显看出,被告从2018年6月贷款买房到2022年11月,短短4年时间,已经还房贷将近50万元。不得不提的是,被告2笔合计433,300.7元的提前还款,均发生在2011年。这不仅说明了对于普通人来讲是雪上加霜的疫情,并没有对被告的稳定收入产生丝毫的影响,更说明了被告具有雄厚的经济实力和收入来源。

倘若被告每月收入3252.06元,被告是如何做到提前还款的?又是如何保障每月贷款未曾出现逾期的?

被告自称父亲不健在了,有母亲要赡养,有孩子要抚养,自己的配偶是从事教培行业的(收入低且因为疫情影响收入不稳定),而且被告没有兄弟姐妹,这便直接排除了被告获得家庭成员经济帮衬的可能性;同时,原告有理由相信,该2笔提前还款不可能源于对外借款,因为在经济不景气的疫情期间,被告还能想到提前还款,肯定与自身经济能力有关,同时银行要评估被告作为贷款人提前还款的实力,而且被告不可能再借款来还贷款,这在逻辑上和操作麻烦的程度上，都是说不通，不符合常理的。

(2)被告还有股权投资收益。

根据原告提供的被告名下公司信息：

①湖北某电气有限公司，该公司于2016年4月26日成立，成立时公司注册资本500万元，被告占股30%。

2020年5月26日，被告退出该公司且公司注册资本变更为1080万元。这说明公司此时进行了加倍的融资并引进了新的投资人，被告退出该公司时，被告作为老股东与新股东进行了股权转让且获得了股权转让的对价收益。无论被告是否实缴出资，被告占股30%所对应的股权溢价是明显可见的。

②湖北某科技有限公司，该公司于2020年7月3日成立，成立时公司注册资本200万元，被告占股51%，属于大股东。2022年9月17日，该公司注销。

该注销时间，恰好发生在原告起诉被告的过程中，说明被告有明显转移财产的故意。

被告声称系他人借用其名义进行登记注册，没有任何依据。而且从时间上清晰可知，被告于2020年5月从湖北某电气有限公司退股后，于2020年7月成立了自己控股的湖北某科技有限公司。

3. 被告收入来源不仅仅只有工资收入。

根据被告提供的汉口银行卡流水，该收入分为网银转入、超网转入、本行ATM存款，那么对于其他收入来源，应当由被告予以提供或进一步说明，以查清收入情况，否则事实不清。

被告开庭声称自己没有时间教育原告，原因是自己工作很忙，这样说明被告工资收入较高，毕竟就整体而言，工作强度和工资收入是成正比的。

综上分析，暂不考虑被告其他收入来源，仅以被告2021年还房贷数额(433,300.7元)作为其年收入基数，则被告月总收入为36,108元；就算把时间拉长一点，被告从2018年6月贷款买房到2022年11月，短短4年时间，被告已经还房贷将近50万元，分摊到每年12.5万元，则被告月总收入也远远不低于10,416元。

故由于被告有固定收入，抚养费按月总收入的20%～30%的比例给付，以月总收入36,108元为基准，则抚养费也理应在7221.6～10,832.4元/月；以月总收入10,416元为基准，则抚养费也理应在2083.2～3124.8元/月。

（三）原告母亲的负担能力

原告母亲为了尽可能地弥补原告在父爱上的缺失，起早贪黑、想方设法干着几份工作，供孩子上学、为孩子创造好的条件，是一位单亲母亲被逼无奈的选择，应当受到社会和法律的尊重和肯定，并不能成为减轻被告承担法定责任的理由。

（四）当地的实际生活水平

退一万步讲，假定被告无任何固定收入，抚养费的数额也是参照当年总收入或者同行业平均收入，并非人均消费支出。

根据被告提供的《居住证明》，被告长期在武汉市居住生活，根据武汉市统计局公布的2021年武汉市城镇单位在职职工年平均工资98,483元，则抚养费按月总收入的20%～30%的比例给付也理应在2462元/月左右（98,483元÷12个月×30%）。

收入和消费明显是两个完全不同的概念。从中国人的传统习惯来看，一个家庭将所有的收入都消费殆尽，这几乎是不太可能的。被告提供城镇居民人均消费支出，明显是偷换概念。

据查，2021年度广东省GDP排名，中山市排名第9，属于21个城市中排名前十的城市，对应地，原告所在的中山市坦洲镇的经济水平高于平均水平。

（五）本案特殊情况

1. 非婚生子应当与婚生子同等对待。本案的原告作为非婚生子，与大众传统道德意义上的婚外生子有明显的不同。

原告母亲与被告没有办理结婚登记，是由于被告对原告母亲家暴，对原告不管不顾、一走了之，缺乏为人夫和为人父的责任心。原告母亲与被告没有领取结婚证，主要原因在于被告自身。无论是情感上还是道德上，原告都是无辜的受害者，应当得到法律保护。

被告声称自己另有一个孩子要抚养，根据被告提供的凭证（被告 2022 年 8 月 13 日购买奶粉花费 1380 元、2022 年 8 月 29 日购买奶粉花费 1380 元），仅被告孩子一个月奶粉钱就花费 2760 元。

但被告提出每个月只愿意给原告 600 元抚养费，并置原告基本权利于不顾，这种区别对待明显有违法律的基本要求，不应当予以纵容。

2. 从家庭伦理和传统意义上讲，被告先前已经结婚（仪式婚）生子，就应当承担起对"妻子"和孩子的法定职责。但是被告另觅新欢，之后又已婚已育，就应当自行承担其重新选择的后果。不能因为新组建家庭且有孩子需要抚养，就堂而皇之地逃避对原告既有的抚养义务或减轻其抚养责任。法院的判决应当具备一定的公序良俗和对社会关系、秩序的指导作用，否则也将违反公序良俗。

案件结果

本案一审法院判决傅某支付刘乙自 2011 年 9 月 13 日至 2022 年 8 月 31 日的抚养费 156,000 元，傅某于 2022 年 9 月起每月支付刘乙 1500 元抚养费至原告刘乙年满 18 周岁止。刘乙不服提起上诉，二审中双方达成调解：（1）傅某向刘乙一次性支付自 2011 年 9 月 13 日至 2023 年 12 月 31 日的抚养费 180,000 元；（2）傅某自 2024 年 1 月起每月支付刘乙 1500 元抚养费至刘乙年满 18 周岁止。

典型意义

按照法律规定,抚养费包括子女生活费、教育费、医疗费等费用。通常而言,法院对于抚养费标准的认定,主要是根据三个方面来综合考量的,分别为子女的实际需要、父母双方的负担能力和当地的实际生活水平。有固定收入的,抚养费一般可按其月总收入的 20% ~30% 的比例给付;无固定收入的,抚养费的数额可依据当年总收入或同行业平均收入,参照上述比例确定。

在审理该类案件过程中,法官一般会对子女的实际需求和抚养义务人负担能力进行实质性审查,以此来增强内心确认的标准,从而进行判决。具体到本案实际情况,法院认为原告无法提供直接证据证明被告的收入情况,但是原告在进行一定的说理和分析后,法院酌情认定刘乙小学之前的抚养费标准为每月 1000 元,小学之后的抚养费为每月 1500 元,既考虑了本案的实际情况,又在一定程度上保证了刘乙受抚养的权利,基本上符合当事人心理预期,客观上维护了非婚生子的相应权利。

律师点评

关于非婚生子女界定问题。非婚生子女系指非夫妻关系的男女所生的子女。现实生活中存在三种情形:一是未婚男女所生的子女;二是已婚男女和第三方所生的子女;三是被确认无效或者被撤销的婚姻当事人所生的子女。本案属于第一种情况。

关于非婚生子女法律地位问题。《民法典》第 1071 条第 1 款规定:“非婚生子女享有与婚生子女同等的权利,任何组织或者个人不得加以危害和歧视。”故非婚生子女和婚生子女具有同等法律地位,应当受到法律的同等对待和保护。

关于抚养费的问题。《最高人民法院关于适用〈中华人民共和国民法典〉婚姻家庭编的解释(一)》第 42 条规定:“民法典第一千零六十七条所称‘抚养费’,包括子女生活费、教育费、医疗费等费用。”

关于非婚生子女抚养费给付的标准问题。《民法典》第 1071 条第 2 款规定:“不直接抚养非婚生子女的生父或者生母,应当负担未成年子女或者不能独立生活的成年子女的抚养费。”《最高人民法院关于适用〈中华人民共和国民法典〉婚姻家庭编的解释（一）》第49条规定：“抚养费的数额，可以根据子女的实际需要、父母双方的负担能力和当地的实际生活水平确定。有固定收入的，抚养费一般可以按其月总收入的百分之二十至三十的比例给付。负担两个以上子女抚养费的，比例可以适当提高，但一般不得超过月总收入的百分之五十。无固定收入的，抚养费的数额可以依据当年总收入或者同行业平均收入，参照上述比例确定。有特殊情况的，可以适当提高或者降低上述比例。”故婚生子女抚养费给付标准同样适用于非婚生子女，不直接抚养非婚生子女的生父或生母，应当负担未成年子女或者不能独立生活的成年子女的抚养费。

1. 本案的难点在于，双方当事人形同陌路十几年，完全不知道彼此的生活条件和现状，一方对对方的收入情况完全不知情。在当事人一头雾水的情况下，我们通过网络查询、实地核实，在一定程度上了解了对方的资产状况。虽然我方并不完全清楚对方的固定收入情况，但是对方主动提供的银行流水和收入说明，反倒成为我们寻找漏洞的有效突破口，并进行了一个合理的预判和说理，从而在客观上争取了一定权利。由此提示我们，哪怕是法律关系再简单的抚养案件，也需要认真审视每一份证据。

2. 本案法院酌情认定刘乙小学之前的抚养费标准为每月1000元，小学之后的抚养费为每月1500元。这再一次印证，抚养费的标准不用完全拘泥于具体的数据，在平衡双方权利的情况下，可以考虑在数额、时间、期限上进行调整，以达到整体相对的平衡点，这不仅适用于协议离婚，也可以在判决书中进行相应体现。

3. 尽管法律规定婚生子女与非婚生子女具有同等的权利，但是非婚生子女迈向人生的每一步都有现实的阻力。未成年的孩子是无辜的，即使父母有各种苦衷，带给子女的也是永远无法弥补的缺憾乃至痛苦，故此，为人父母还是应当依法办理婚姻登记手续。同时，双方分手后虽然感情不再有，但在不触犯自己原则的范围内,可以时不时地了解对方的具体情况,有备无患。

4. 刘甲作为单亲妈妈一人抚养孩子,其中的含辛茹苦和酸甜苦辣不言而喻。孩子在生长过程中没有父爱,作为母亲便加倍对孩子付出并尽可能照顾孩子周全,生怕孩子受到任何的伤害,这种谨小慎微真的是良苦之至。当十几年的生活被孩子生父的出现打破,这种不平静和对父亲的需求对于孩子而言是强烈的。所以,哪怕父母之间有再深的矛盾,为人父母或者双方家长都需要尽可能为孩子创造并建立一个畅通无阻的亲子情感渠道。

律师简介

魏巧灵,北京盈科(武汉)律师事务所高级合伙人、北京盈科(武汉)律师事务所婚姻家庭法律事务部主任、北京盈科(武汉)律师事务所女律师工作委员会主任。

与第三人共同共有的房屋继承分割难点解析

——解读高甲、褚某某与高乙分家析产、遗嘱继承纠纷案

傅明霞

案情简介

被继承人高某某与詹某某系夫妻关系，双方共育有两个子女，即继承人儿子高甲与女儿高乙。2020 年 1 月，被继承人高某某去世。2020 年 4 月，被继承人詹某某去世。另外，高甲与褚某某于 1993 年 2 月在上海市民政局登记结婚，双方系夫妻关系。

2001 年 6 月，被继承人高某某、詹某某以及高甲、褚某某与上海某公司签订《上海市商品房预售合同》，购买位于上海市浦东新区房屋，房屋购买总价为 384, 281 元，其中房屋首付款为 84, 281 元，房屋商业贷款为 300, 000 元，贷款期限为 10 年，继承人高甲为主贷人，房屋产权登记在高甲、褚某某及被继承人高某某、詹某某四人名下。

2019 年 1 月高某某订立《遗嘱》，内容为"我离世后，我的那部分遗产，全部归老伴詹某某继承"；2019 年 11 月詹某某订立《遗嘱》，内容主要为"我的遗产（不动产）85%由高甲继承"。

被继承人高某某、詹某某均去世后，高乙向上海市浦东新区人民法院提起诉讼，案由为法定继承纠纷，高乙在该案中主张高某某、詹某某对上海市浦东新区房屋共同享有 50%的产权份额，并主张按照法定继承原则由其与高甲各继承一半。

高甲答辩主张该房屋首付款以及房屋商业抵押贷款本息均由其与妻子褚某某以夫妻共同财产支付。因此,高甲认为应当按照实际出资比例认定高甲、褚某某对诉争的上海市浦东新区房屋享有100%的产权份额。

因该房屋涉及第三人褚某某,故高甲、褚某某共同作为原告以分家析产为案由向上海市浦东新区人民法院提起民事诉讼,主张高甲、褚某某共同享有上海市浦东新区房屋100%的产权份额。如法院认为被继承人高某某、詹某某在该房屋中享有产权份额,则高某某、詹某某的份额按照遗嘱由继承人高甲与高乙继承。

争议焦点

本案的主要争议焦点有两个:一是本案诉争房屋权属,被继承人高某某、詹某某对诉争房屋是否享有产权份额?二是如被继承人高某某、詹某某对诉争房屋享有产权份额,应当如何分割?

律师策略

本案原系一起由继承人高乙提起的法定继承纠纷案件,高甲收到法院向其送达的诉讼材料后,便委托笔者作为代理人全权代理此案。高甲提出被继承人高某某、詹某某在生前立有遗嘱,但遗嘱中部分内容存在涂改。高甲希望代理律师可以按照遗嘱内容争取由其继承遗产的85%,高乙继承遗产的15%。

笔者在接受委托后,通过全面了解案情,发现案涉的上海市浦东新区房屋虽登记在高甲、褚某某与两被继承人四人名下,由四人共同共有,但该房屋的首付款以及房屋贷款实际均由高甲、褚某某共同支付。根据当时实施生效的最高人民法院颁发的《关于贯彻执行〈中华人民共和国民法通则〉若干问题的意见(试行)》第90条规定:"在共同共有关系终止时,对共有财产的分割,有协议的,按协议处理;没有协议的,应当根据等分原则处理,并且考虑共有人对共有财产的贡献大小,适当照顾共有人生产、生活的实际需要等情况。……"因此,笔者认为本案的关键点在于要明确高甲、褚某某对诉争房屋实际享有的产权份额。

另一继承人高乙在提起诉讼时主张两被继承人与高甲、褚某某各自对诉争房屋享有50%的份额。若法院认定高甲、褚某某对诉争房屋的产权份额超过50%，则两被继承人对诉争房屋享有的产权份额相应降低。据此，高乙可主张分割的遗产价值也就相应降低，如此便可为委托人高甲争取最大利益。

故笔者建议高甲、褚某某作为原告，另案提起分家析产诉讼，并向法院提供房屋买卖合同、房屋抵押贷款合同、高甲的银行账户的还贷明细，以证明诉争房屋的出资实际均源于高甲和褚某某，高甲、褚某某对诉争房屋的贡献远大于两被继承人。

在分家析产纠纷案件中，法院最终认为前述证据已经形成完整证据链，并在考虑高甲、褚某某对诉争房屋的贡献大小后，认定高甲、褚某某对诉争房屋享有70%的份额。法院在该分家析产案件中将两被继承人享有的房屋30%的遗产份额，按照遗嘱继承直接一并处理，高甲享有85%的遗产份额，高乙享有15%的遗产份额。

工作成果摘录

代理词（节选）

一、高甲、褚某某对上海市浦东新区房屋享有100%的产权份额

根据高甲、褚某某提交的《上海市商品房预售合同》以及《个人住房抵押借款合同》可知，2001年6月高甲、褚某某与被继承人高某某、詹某某共同购买位于上海市浦东新区房屋，房屋总价为384,281元，其中首付款为84,281元，房屋商业贷款30万元。在高乙提交的其与被继承人詹某某的录音中，被继承人詹某某明确首付款中60,000元由高甲支付，加上房屋定金20,000元，诉争房屋首付款实际全部由高甲、褚某某支付，两被继承人实际并未出资。

同时，高甲作为房屋抵押借款人和主贷人，以诉争房屋抵押贷款30万元，

贷款期限为2001年7月至2011年7月。高乙在庭审中主张两被继承人系将他处房屋出售款提供给高甲、褚某某用于偿还贷款，但并未向法庭提交证据予以证明。庭审查明，两被继承人于2002年10月出售他处房屋，并于2002年11月才收到全部房屋出售款。但根据高甲、褚某某提供的诉争房屋还贷明细查明，诉争房屋并不存在提前一次性结清全部贷款的情形。案涉房屋贷款本息实际全部由继承人高甲与褚某某以夫妻共同财产每月进行偿还，本息合计为33万余元。因此，高乙提出系用两被继承人出售他处房屋售房款以偿还诉争房屋贷款的主张没有事实依据。

共同共有，系指各方共有人对全部共有财产不分份额的享受权利和承担义务，但并未规定共同共有人之间必然享有同等份额。且虽然本案房屋共有人之间存在家庭关系，但本案所涉家庭关系不仅仅是夫妻关系，还包含父母和子女关系以及公公婆婆和儿媳之间的姻亲关系。因此，笔者认为，诉争房屋虽然登记在高甲、褚某某和两被继承人四人名下，由四人共同共有，但不能因此直接认定各共有人之间享有同等份额，而应当考虑各共有人对诉争房屋实际出资比例、对房屋的贡献大小来认定各共有人之间的份额。

故代理人认为，因诉争房屋的首付款以及房屋贷款全部由高甲、褚某某出资，被继承人高某某、詹某某对诉争房屋实际并未出资，两被继承人对诉争房屋取得并无贡献。因此，高甲、褚某某认为应当按照出资比例确认高甲、褚某某对诉争房屋享有100%的产权份额。

二、如法院认定被继承人高某某、詹某某对上海市浦东新区房屋享有产权份额，被继承人高某某、詹某某对诉争房屋享有的产权份额中的85%由高甲继承，15%由高乙继承

如前所述，诉争房屋100%的产权份额应当归高甲、褚某某所有。如法院因房屋产权登记了两被继承人的名字，酌情认定两被继承人对诉争房屋享有部分产权份额，则该部分份额属于两被继承人的遗产，而两被继承人生前均立有自书遗嘱，该遗嘱合法有效，系两被继承人的真实意思表示。因此，两被

继承人对诉争房屋享有的产权份额中的85%由高甲继承，15%由高乙继承。我方主张诉争房屋全部归高甲、褚某某所有，由高甲、褚某某向高乙支付相应比例的房屋折价款。

以上代理意见，请法院依法予以考虑并采纳。

案件结果

本案中，上海市浦东新区人民法院认为诉争的上海市浦东新区房屋已将两被继承人高某某、詹某某登记为产权人，故两被继承人享有诉争房屋的部分产权，但因诉争房屋的商业贷款30万元均由高甲、褚某某偿还，且对比总价及首付款，高甲、褚某某对该房屋的贡献确实较大，应在认定房屋产权份额时予以考虑。结合本案实际情况，上海市浦东新区人民法院认定高甲、褚某某享有诉争房屋70%的产权份额，两被继承人高某某、詹某某享有30%的产权份额。

同时，上海市浦东新区人民法院认定被继承人高某某、詹某某于2019年先后所立的遗嘱属于自书遗嘱，该遗嘱合法有效，关于被继承人高某某、詹某某的遗产应当按照遗嘱继承。

综上所述，上海市浦东新区人民法院认定诉争房屋中95.5%的产权份额归高甲、褚某某所有（其中25.5%为高甲继承所得），4.5%的产权份额由高乙继承所有。最终法院判决上海市浦东新区房屋归高甲、褚某某所有，由高甲、褚某某按照4.5%的比例向高乙支付房屋折价款。

典型意义

《民法典》第299条规定："共同共有人对共有的不动产或者动产共同享有所有权。"通过中国裁判文书网上搜索到的继承纠纷案件可以看出，在继承分割被继承人与他人共有的房屋时，当事人往往主张共有房屋的产权人按照均分的原则对房屋享有产权份额，并由此主张继承被继承人对共有房屋的产权份额，而并未考虑到被继承人实际对共有房屋的出资比例以及贡献大小，如继承人同时系房屋共有人的，则其利益未能实现最大化。所以，本案中在处理遗产继承分割时，充分考虑共有人对共有房屋的出资以及贡献后，先通过分家析产诉讼确认各共有人对房屋享有的份额，再按照继承法相关法律规定继承分割属于被继承人的遗产，本案对今后同类案件的处理具有指导意义。

律师点评

从法律适用的角度分析，关于共同共有和按份共有的规定主要集中在《民法典》第 299 条、第 303 条、第 308 条、第 309 条。通过上述法律条文可知，共同共有人对共有的财产享有的份额以均分为原则，而按份共有人对共有的财产以其实际出资额享有份额为原则。

而实践中共有人之间一般具有家庭关系，大部分情形为父母实际出资购房，将房屋登记在父母与子女名下；也有部分情形是子女出资购房，将房屋登记在子女与父母名下。但在办理房屋产权登记时，父母、子女很少会明确约定各方对共同财产的具体份额，这也是中国传统家庭的普遍概念，各共有人认为财产具有家庭性质。在其中一方共有人去世时，如其他共有人之间未能协商一致产生纠纷，共有人对共有财产享有的份额则会成为争议焦点。因此，笔者建议，在办理共有财产产权登记时，各共有人应尽量约定清楚各方比例。同时，在继承案件中遇到被继承人与他人共有的房屋时，也可结合实际情况来确认属于被继承人的财产份额，以此充分保护当事人的合法利益。

律师简介

傅明霞律师，北京盈科（上海）律师事务所股权高级合伙人，盈科上海婚姻与家庭法律事务部部门主任，国家二级心理咨询师、国家高级理财规划师。执业至今 21 年，专业领域为婚姻家庭、继承纠纷。

夫妻感情确已破裂的认定

——解读石某某诉凌某离婚纠纷案

雷敏慧　屈升萌

近年来,我国的离婚率居高不下,离婚问题亦日趋复杂。我国判决离婚的法定标准是夫妻感情确已破裂,而司法实践中关于夫妻感情确已破裂的认定,法官衡量因素诸多及不同法官的认定标准不同,以致当事人证明难、离婚难。婚姻家庭是社会的基本构成要素,一方面是维护社会稳定与发展,另一方面是诉讼当事人的真实意愿,实务中如何考量婚姻自由和个人情感问题成为离婚案件的症结之处。笔者通过自己所承办的案例,分析实务工作中的难点。

案情简介

石某某与凌某于 2016 年 1 月登记结婚,婚后育有一子一女。婚后双方购买了位于西安市 A 小区房屋一套,登记在双方名下。由于婚前了解较少,婚后双方因性格不合,吵闹不断,致夫妻感情破裂。石某某于 2021 年 3 月第一次向法院起诉要求离婚,因凌某坚决不同意离婚,一审法院于 2021 年 5 月判决驳回石某某离婚之诉请。此后,石某某与凌某之间夫妻感情并未好转,反而发生暴力事件致石某某手部受伤严重。由于石某某从事的飞行工作对身体要求较高,手部受伤导致其一直无法重返工作岗位。第一次判决半年后，石某某于 2021 年 11 月第二次向一审法院提起离婚诉讼。由于被告凌某依旧坚决不同意离婚，并声称小女儿石乙刚做完手术需要父母的照料与陪伴，若判决离婚则不利于女儿病情好转。一审法院于 2022 年 7 月以夫妻双方婚后建立了感情基础以及为了子女健康成长为由，再次驳回了石某某离婚之诉请。石某某随即向二审法院提起上诉，二审法院于 2022 年 12 月以同样理由作出维持原判，驳回原告石某某上诉请求的判决。

法院认为（节选）：

一审法院认为：原、被告属自主婚姻，双方有一定的感情基础，婚后又建立了相应的夫妻感情，要维系平等、和睦的婚姻家庭关系，需靠双方共同努力、珍惜。双方婚后生育子女两名，作为父母对孩子的健康成长负有法定义务。婚生女因患疾病刚做完肿瘤切除手术，此时孩子更需要父母的陪伴与关爱，如准予离婚可能导致孩子得不到妥善治疗，增加其心理负担，进而影响其健康成长。所以，双方应增强家庭责任意识，主动履行家庭生活的义务，妥善处理矛盾，积极消除隔阂，给予孩子更多的帮助和关爱。

二审法院认为：原、被告经人介绍认识后于 2016 年 1 月 12 日登记结婚，且婚后育有一子一女。因此，双方具有一定的感情基础，应珍惜来之不易的感情和家庭。现原告要求离婚，被告表示双方婚姻并无大的问题，不同意离婚，故双方婚姻尚有一定的挽回余地。因双方婚生女刚做完肿瘤切除手术，此时孩子更需要父母双方的陪伴与关爱，和谐美满的家庭生活更有利于孩子的健康成长及病情恢复，如判决双方离婚可能会对孩子的治疗和病情恢复产生不利影响，进而影响到孩子以后的健康成长，因此希望彼此都能增强家庭责任意识，加强沟通交流，互谅互让，妥善处理双方之间的矛盾，积极消除心理上的隔阂，营造良好的家庭氛围，促进社会和家庭的和谐稳定。

争议焦点

本案的主要争议焦点在于如何证明原、被告感情确已破裂。

律师策略

一、办案思路

第一步：倾听原告关于婚前感情基础、婚后感情状况、婚姻关系现状、有无和好的可能性、子女抚养、共同财产、离婚的真实原因以及目前对婚姻走向和态度等方面的陈述。

第二步：与原告共同商讨，准备起诉状，确定以下诉讼请求：

1. 依法判令原、被告离婚；

2. 依法判令婚生女由原告抚养，婚生子由被告抚养；

3. 依法分割夫妻共同财产；

4. 本案诉讼费由被告承担。

第三步：与原告核实情况，制作共同财产清单、准备证据目录。

第四步：查阅第一次、第二次起诉时被告答辩状和证据材料，分析被告的答辩策略。

第五步：庭前准备、庭后向法院提交代理词。

第六步：与原告共同商讨，准备上诉状，确定以下上诉请求：

1. 请求依法撤销一审判决书，查清事实，依法改判准予原、被告离婚；

2. 由被上诉人承担一审、二审诉讼费。

第七步：准备上诉证据材料和上诉策略。

二、办案经过

关于证明夫妻感情确已破裂问题，我方向法院提供了被告对原告实施殴打的报警回执、医疗证明和原告因伤及职业性质被单位停工的停飞通知单，以及原、被告分居后的租房合同，证人证言等证据材料。

关于婚生子女抚养权问题，向经办法官作了情况说明并提供了病历、治疗情况、康复情况等相关资料，阐明小女儿石乙生病后原告及其父母积极治疗、照料，而被告只是在孩子住院期间去医院探望过一次的事实，被告对前述事实表示认可。现小女儿石乙已经康复，跟随父亲和爷爷奶奶健康快乐地生活。

关于财产分割问题，向法官提供了房屋买卖合同、房产证、银行还款流水清单等，证明房屋系夫妻共同财产，由原告一直在还银行贷款。庭审中，就被告父亲出资购房的首付款到底属于赠与被告个人还是赠与原、被告夫妻双方,就案件事实和法律适用进行了充分的辩论。

工作成果摘录

代理词(节选)

一、原、被告之间的夫妻感情确已破裂,符合法定离婚条件,应当准予离婚

原、被告婚前缺乏了解,对双方性格、家庭成长环境、生活习惯、生活能力等方面了解不够,草率结婚。在婚后,双方也未建立起稳固的夫妻感情,双方性格不合、经常争吵、矛盾不断升级,无法互相理解、互相体贴、互相扶助。在发生矛盾时,被告行为较为偏激、存在多次暴力情形,致使原告遭受着精神上和身体上的折磨,双方难以继续共同生活。夫妻感情彻底破裂,再无和好的可能性。

因感情不和,双方自 2020 年 2 月便开始分居至今。原告于 2020 年 12 月向法院提出离婚诉请,鉴于被告口头上坚决不同意离婚而被法院于 2021 年 5 月 12 日作出判决不准予离婚,判决至今近一年半。判决后,原、被告之间依旧没有任何交流与沟通,夫妻感情非但没有缓和、好转,反而产生了更为严重的暴力事件,由于被告的持刀施暴导致原告手部严重受伤,缝针 16 针,至今还没有完全恢复。由于受伤,原告被单位于 2021 年 6 月 27 日通知停工至今。

《民法典》第 1079 条规定:"夫妻一方要求离婚的,可以由有关组织进行调解或者直接向人民法院提起离婚诉讼。人民法院审理离婚案件,应当进行调解;如果感情确已破裂,调解无效的,应当准予离婚。有下列情形之一,调解无效的,应当准予离婚:(一)重婚或者与他人同居;(二)实施家庭暴力或者虐待、遗弃家庭成员;(三)有赌博、吸毒等恶习屡教不改;(四)因感情不和分居满二年;(五)其他导致夫妻感情破裂的情形。一方被宣告失踪,另一方提起离婚诉讼的,应当准予离婚。经人民法院判决不准离婚后,双方又分居满

一年，一方再次提起离婚诉讼的，应当准予离婚。”据此，原、被告已经符合法定离婚条件，法院应当准予原、被告离婚。

二、被告对子女不闻不问，未尽到作为一个母亲的责任与义务，并非如被告所说为了好好照顾子女而不同意离婚的说辞，不同意离婚仅因个人利益未得到满足

原、被告于2017年3月生育一子，取名石甲，目前5岁；于2019年12月生育一女，取名石乙，目前2岁多。现在两个小孩随原告及原告父母生活。自2020年12月原告石某某第一次起诉离婚至今，近2年时间，作为母亲的凌某，仅在2022年4月小女儿石乙生病住院时去看望过一次，其他时间均未过问过，更谈不上抚养与照顾。作为母亲，在子女如此幼小的情况下，不闻不问，未给予子女应有的关爱与照顾，没有尽到母亲应尽的责任与义务，极其冷漠。被告不负责的行为与被告为了便于照顾生病的女儿不同意离婚的说辞南辕北辙。小女儿如今已经痊愈。

在一审过程中，被告同意离婚，但是要求房产归自己所有，且过分地要求原告继续偿还该房屋银行按揭贷款。原告作为一名工薪阶层，收入有限，要负担自己的生活支出以及抚养两个子女，无法满足被告的要求。对于被告提出的要求，双方没有协商一致，被告便坚决不同意离婚。由此可以看出被告并不是为了子女着想而不愿离婚，而是为了满足自己的一己私利。

三、法律不仅应当保护结婚自由，也应当给予当事人离婚自由

本案被告纯系因其个人经济利益未得到满足而不同意离婚，若法院因此判决不准予离婚，僵硬地将一对没有任何感情的夫妻强行捆绑在一起，对双方毫无实际意义，继续纠缠无疑是在消耗两个年轻人的时间、精力以及对待生活的热情，甚至让双方家庭都精疲力尽，无法过上平静和谐的家庭生活。且这种方式会助长将婚姻作为索取财物筹码的社会不良风气。法律应当是有温度的、能够体现人性关怀的，而不应该是冷漠的、机械的。

案件结果

本案一审法院认定原、被告双方有感情基础和夫妻感情，并且为了孩子的健康成长，驳回了原告石某某的离婚诉请。石某某上诉后，二审法院仍认定双方婚姻尚有挽回余地，为了孩子的健康成长，维持一审法院的判决，驳回了石某某的上诉请求。

典型意义

《宪法》和《民法典》均有保护婚姻自由的规定，婚姻自由包括结婚自由和离婚自由。《民法典》规定判决离婚的标准为夫妻感情确已破裂。从理论上来说，根据《民法典》第 1079 条的规定，一方提起离婚诉讼，法院经调查认定感情破裂后，无须另一方认可是否感情破裂，即可达到离婚条件。夫妻感情的隐秘性和复杂性，导致客观上出现了当事人取证难和举证难、法院认定夫妻感情破裂难等问题，且不同法官有着不同的主观理解和价值取向，故在司法实践中存在不少同案不同判的现象。在审判实践中，法官一般会出于维护家庭稳定性和完整性，以及衡量夫妻间的婚前基础、婚后感情、离婚真实原因、感情现状、有无和好的可能性等因素作出裁判。针对此种情况，当事人如何举证证明夫妻感情确已破裂、无和好可能性，法官对相关证据审查及综合考量标准如何，以及此类纠纷的法律风险问题，都值得我们做进一步探讨。在夫妻感情确已破裂的情况下，不能因一方不同意离婚，法院便判决不准予离婚，应当结合实际情况判决，真正保障婚姻自由。

律师点评

从法律适用的角度分析，关于夫妻感情破裂的认定问题的法律规定主要集中在《民法典》第 1079 条，以及《最高人民法院关于适用〈中华人民共和国民法典〉婚姻家庭编的解释(一)》第 63 条。在上述法律条文中，明确规定了夫妻感情破裂的情形和标准。

目前，“第一次判不离”事实上已经成为许多法院的通行做法。与本案一样，司法实践中因一方坚决不同意离婚，另一方第一次诉请离婚的话，法院一般会判决不准予离婚。尤其是在夫妻一方没有重大过错(包括重婚、与他人同居、家暴、虐待、遗弃、吸毒、赌博等行为),且对方坚决不同意离婚的情形下,法院很难在第一次诉请离婚时就判决离婚。一般情况下,只有在夫妻双方均同意离婚或者均认可感情确已破裂或者一方证据确实充分时,法院才会判决离婚,这无疑是给想要离婚的一方增加诉累和阻碍。“第一次判不离”的问题,既浪费司法资源又增加当事人的诉讼成本,甚至可能导致悲剧发生。对符合法定离婚情形的离婚案件,法院经查明事实后认为夫妻感情确已破裂的,应该判决离婚,保障、贯彻婚姻自由的原则。

在本案中,一审法院第一次未判离后,双方之间矛盾再次升级,引发暴力冲突行为,但一审法院未认定系家暴行为,仅认定为双方发生争吵打架事件。

婚姻家庭生活具有隐秘性,普通人并不能熟悉地知晓如何收集、保存体现夫妻感情破裂的有效证据。因此,当事人举证难成为离婚案件的常态。同时,证据认定难。法官一般会结合日常经验、综合全案证据、考虑已查明的相关事实来综合认定夫妻感情是否确已破裂。但感情破裂往往是一种主观感受,且法官与夫妻双方各方的主观感受可能存在很大差异。因此,法院一般会对无法提供有效证据的当事人作出不利判决结果。以符合法定情形的家暴行为为例,在离婚纠纷案中,主张家暴的受害者大多数只能提供伤情照片、医疗诊断书、投诉、报警记录等证据,而在司法实践中这些证据一般不予认定系家暴行为,而被定义为夫妻间“肢体冲突”。现有判决中,法院一般认可公权力介入的情况下形成的证据材料,如家暴告诫书、人身安全保护令等。法院这种仅依据当事人是否能提供强有力证据,不考虑真实情况是否符合离婚法定情形的查明行为,导致当事人想离婚却离不掉的社会现象频出,容易引起社会对婚姻的消极态度。

在婚姻关系中,若夫妻感情早已满目疮痍,硬要维持表面虚假和难以忍受的婚姻毫无意义,法院应该帮助当事人从破裂和备受煎熬的婚姻中解脱出来。如继续婚姻对一方已是一种痛苦折磨,而是否离婚要依靠对方的意愿,无视其意愿背后的原因,无疑让原告陷入绝望的困境,甚至可能造成悲剧的发生。充满硝烟的婚姻也无法给孩子带来健康的成长环境,应该让孩子离开这种糟糕的氛围,正常生活,而不是用法律强行维护这段支离破碎的婚姻。

相关提示:

1. 离婚案件中,法官的衡量因素、自由裁量权和裁判标准等问题,可能导致判决结果事与愿违。

2. 离婚案件关键在于证明夫妻感情确已破裂,因此作为原告一方的当事人应尽可能提供更多有效证据,否则可能要承担举证不能的不利法律后果。

3. 当今社会,不仅要倡导结婚自由,也应当保护离婚自由,不能让"婚姻自由"原则束之高阁,仅停留在纸质层面。法院在审理离婚案件时,若一方提供的证据能够证明感情确已破裂,就应作出准予离婚的判决,保障婚姻自由。

律师简介

雷敏慧律师,北京市盈科(西安)律师事务所股权高级合伙人、西安市临潼区第十四届政协委员、西北政法大学经济法学院实务导师、西安交通大学校外实务部专家、陕西广播电视台《帮忙有一套》栏目特邀律师、CCTV-12《律师来了》节目特邀律师、西安市律师协会婚姻家事·财富管理专委会主任、西安铁路运输检察院听证员、陕西省女子戒毒所专家顾问、西安市新城区人民法院特邀调解员、陕西省金融协会调解中心等多家调解中心调解员。

屈升萌律师,北京市盈科(西安)律师事务所执业律师、盈科西安律所家族法律事务部副秘书长、盈科西安律所知识产权法律事务部副秘书长、盈科西安律所青工委委员。专注于婚姻家庭纠纷、继承纠纷、知识产权纠纷等领域。

被继承的房产出现效力瑕疵的应对

——解读刘某某诉魏某某、王乙赠与合同纠纷案

雷敏慧　屈升萌

近年来，随着经济的发展、家庭财富的增多，财富传承问题成为众多人思虑的问题。许多父母想把自己的财产留给子女，又希望通过最省钱的方式，通常会选择赠与、买卖、继承的方式。而想要在生前将房产过户给子女的父母往往选择了赠与或买卖的方式。赠与、买卖这两种过户方式，法律关系不同，需要履行的法律义务也不同，若不符合法律规定，后期可能会产生纠纷，以致"竹篮打水一场空"。笔者通过分享自己所承办的案例，以供读者借鉴，避免发生与本案类似的法律风险。

案情简介

王甲于2021年7月22日去世，去世后继承开始。刘某某系王甲的母亲，魏某某系王甲的再婚配偶，王乙系王甲与前妻所生的儿子，前述刘某某、魏某某、王乙三人同为王甲的第一顺序继承人。

王甲与魏某某自2006年结婚后，一直与母亲刘某某同住，照料其日常生活。鉴于王甲照顾母亲刘某某多年，刘某某有意让王甲日后为自己养老送终，于是刘某某便与王甲于2020年年初签订《存量房买卖合同》，约定将刘某某名下位于西安市A小区房屋出售给家中排行老三的儿子王甲（刘某

某共有三个儿子),约定的售价为市场价格的一半,未约定违约责任。刘某某于 2020 年 7 月 29 日将该房屋过户登记至王甲名下,王甲一直未支付购房款,刘某某也从未催要过。王甲于 2021 年 7 月 22 日因病去世后,刘某某于 2021 年 8 月将魏某某(王甲配偶)诉至法院要求撤销赠与,请求判令:(1)撤销刘某某对王甲房屋(位于西安市 A 小区)的赠与;(2)由魏某某配合将房屋(位于西安市 A 小区)过户登记给刘某某或刘某某指定的第三人名下;(3)本案诉讼费由魏某某承担。在案件审理过程中,被告魏某某认为本案亦涉及继承人之一王乙的利益,经一审法院核实认为原告刘某某遗漏必要当事人王乙,经释明后,刘某某另行追加王乙为本案共同被告。

法院认为(节选):

关于原告刘某某与王甲系买卖合同关系,还是赠与合同关系,是本案的争议焦点之一。一审法院认定,系争房屋处分过程中不存在真实的对价支付关系,虽然具有买卖合同的外形,但不符合买卖合同的实质要件,是以虚假买卖合同隐藏了真实赠与合同之意思。应认定原告刘某某与王甲之间成立的是赠与合同关系,且附有要求三儿子王甲履行赡养义务的条件。

关于原告刘某某与王甲之间合同关系的效力问题,一审法院认为,对于由谁履行赡养义务应尊重老人意愿,在原告的三儿子王甲已无法履行赡养义务且原告亦不愿意由被告魏某某履行赡养义务的情况下,原告与王甲之间的赠与合同所附条件已无法实现,故原告与王甲之间的赠与合同不发生法律效力。

争议焦点

本案的主要争议焦点有两个:一是原告刘某某与王甲之间系买卖合同关系还是赠与合同关系;二是原告刘某某与王甲之间合同关系的效力问题。

律师策略

笔者接受委托担任被告魏某某的代理律师。

一、办案思路

第一,本案被告诉讼主体不适格。

第二,本案非赠与合同纠纷,而系买卖合同纠纷。

第三，查阅原告的民事起诉状，分析原告的诉讼请求及事实理由部分。

第四，与被告魏某某核实情况，整理现有资料，制作证据清单。

第五，与被告魏某某商讨后，确定以下答辩思路：本案非赠与合同关系，应按买卖合同履行，虽王甲未支付房屋对价，应为王甲的生前债务，由继承人在继承财产范围内清偿。此外，强调魏某某作为刘某某的儿媳，愿意继续赡养、照料刘某某安度晚年。

二、办案过程

关于原告刘某某与王甲之间系买卖合同关系，律师向一审法院提供了《存量房买卖合同》、不动产权证书、死亡证明、户口簿、结婚证等证据材料，证明刘某某与王甲签订的《存量房买卖合同》是双方当事人的真实意思表示，且不违反法律、行政法规的强制性规定，不违背公序良俗，合法有效。房屋业已进行了交付，房屋所有权也已经过户登记至王甲名下。王甲去世后，案涉房屋应为王甲的遗产，魏某某作为王甲的配偶有权继承案涉房屋的部分份额。

针对原告刘某某主张王甲未支付买卖合同中约定的35万元房价款问题，笔者向一审法院说明未支付房价款应系王甲的生前债务，应当由继承人在继承财产的范围内清偿，而不应就此认定未支付价款便是无偿的赠与。此外，站在促进家庭和睦、传承尊老爱幼的传统美德的角度上，作为儿媳魏某某也愿意继续赡养刘某某安享晚年。

工作成果摘录

答辩意见（节选）

一、本案并非赠与合同关系，应为买卖合同关系，且已经履行完毕。原告起诉被告系主体不适格，原、被告之间不存在合同权利与义务，不符合合同相对性原则

本案系买卖合同关系，不仅与事实相符，而且有证据佐证。原告称本案

"名为买卖,实为赠与",与事实不符,也未有任何证据证实其主张。

本案中所涉的《存量房买卖合同》采用的是制式合同,合同双方系母子关系,合同义务已经履行,合同中没有约定违约责任的承担问题,符合常理。对于买卖合同标的、价款的约定清楚明确且为即时履行,该买卖合同不存在违反法律或者不合理的情形。

原告曾称她有三个儿子,被告认为原告若将案涉房屋赠与王甲一人,有违常理,对另外两个儿子来说也非常不公平,故原告将房屋卖给了小儿子王甲,但在价格上给予适当照顾的行为合情合理。因为原告虽有三个儿子儿媳,却仅有魏某某一直照顾赡养了原告16年,其他儿子并未尽过赡养照管义务,原告以一部分房款作为对小儿子王甲及其媳妇的经济补偿,乃人之常情。

综上所述,本案所涉法律关系为买卖合同关系,有充分的事实依据和法律依据。

二、本案系房屋买卖合同关系,即使未支付房屋价款,也应为王甲生前债务,由继承人在继承财产限额内清偿

本案所涉问题应为原告与王甲之间的债权债务关系问题,而非撤销赠与的问题。根据法律规定,王甲去世以后,其生前债务应由继承人在继承财产限额内清偿。被告并非唯一继承人,其他继承人也应承担相应的债务。原告作为继承人之一,也应承担一部分债务。

三、依据原告所诉法律关系,原告的诉讼请求与事实不符,无法律依据,应当被驳回

(一)即使法院认定诉争案件法律关系系赠与合同关系,原告诉求撤销赠与没有事实依据及法律依据

首先,赠与合同系双方当事人的真实意思表示,不违反法律、行政法规的强制性规定,应当合法有效。《民法典》第658条第1款规定:"赠与人在赠与财产的权利转移之前可以撤销赠与。"就本案而言,赠与的房屋已经过户登记至王甲名下,即使刘某某认为系赠与,赠与财产权利已经转移,赠与合同已经

履行完毕，原告不再享有任意撤销权。

其次，《民法典》第 663 条第 1 款规定："受赠人有下列情形之一的，赠与人可以撤销赠与：（一）严重侵害赠与人或者赠与人近亲属的合法权益；（二）对赠与人有扶养义务而不履行；（三）不履行赠与合同约定的义务。"本案中，受赠人没有出现过上述任一情形，原告也没有提供任何证据进行佐证，因此不存在原告可以撤销赠与的法定事由。

（二）原告称本案为附条件赠与，与事实不符、与法律相悖。原告依据《民法典》第 663 条第 1 款第 3 项要求撤销赠与，与事实和法律均不相符

第一，原告与合同相对人王甲系母子关系，王甲扶养原告是法定义务，亦无须约定，原告将普通的赠与撤销与遗赠扶养协议的撤销法律适用相混淆。本案明显不符合遗赠扶养协议的特点。根据《民法典》第 1158 条的规定："自然人可以与继承人以外的组织或者个人签订遗赠扶养协议。按照协议，该组织或者个人承担该自然人生养死葬的义务，享有受遗赠的权利。"由此可知，遗赠扶养协议签订的主体仅系被继承人与法定继承人以外的主体。而原告与王甲系母子关系，王甲为原告的法定继承人，原告称系遗赠扶养协议显然没有法律依据。第二，合同相对人王甲不存在不履行扶养义务的情形，王甲生前一直履行了对原告的扶养义务。被告魏某某也一直尽心尽力地照顾原告，王甲与被告均尽到了赡养原告的义务。第三，原告对于所说的约定也一直未提供任何证据佐证，只是针对己方有利的个人口头陈述，并且是虚假的，与事实不符。

（三）赠与行为并不会造成原告生活困难

原告有高额的退休金，高于一般上班族的收入，且原告另有多处居住性房屋供其自行居住。另外原告育有三个儿子，原告可以在任何一个儿子家居住，虽然王甲去世，被告也非常愿意让原告在诉争房屋内居住，且被告非常愿意照顾、赡养原告。本案诉讼之前原告一直居住在被告与王甲共同购买的西安市 B 处房屋。总之，原告诉称赠与行为造成自己生活困难，与事实不符。

综上所述,本案诉争法律关系与被告主体不适格,原告的诉求不具有事实和法律依据,应当裁定驳回其全部诉求。

案件结果

本案一审法院认为,原告刘某某与王甲以签订虚假买卖合同的意思表示隐瞒真实赠与合同之意思,认定原告刘某某与王甲之间成立的是附履行赡养义务条件的赠与合同关系。在王甲已经去世,已无法履行赡养义务,且原告亦不愿意由被告魏某某履行赡养义务的情况下,原告刘某某与王甲之间的赠与合同所附条件已无法实现,故原告与王甲之间的赠与合同不发生法律效力。

判决如下:(1)被告魏某某、王乙于本判决生效之日起7日内履行配合原告办理位于西安市A小区房屋过户登记至原告刘某某名下义务。(2)驳回原告刘某某的其他诉讼请求。本案案件受理费,由原告刘某某自行承担。

本案原、被告均未提起上诉。

典型意义

在司法实践中,父母想把自己的房屋留给子女,又想以最省钱的方式,可能会通过继承、赠与、买卖等方式。如果想在生前将房产过户给子女,可以选择房产买卖或者房产赠与两种方式,但均需以合法方式进行,避免日后产生纠纷。因为税费问题,本案当事人选择以买卖方式进行房产过户。但因未实际支付房屋对价,最后被法院认定虽具有买卖合同的外形,但不符合买卖合同的实质要件,是以虚假买卖合同隐藏了真实赠与合同之意思。结合当事人实际情况,认定双方之间系附条件的赠与合同关系,受赠人已经去世,所附条件已无法实现,因此双方之间的赠与合同不发生效力。最后法院判决归还房屋。

本案涉及买卖合同关系、赠与合同关系、法定继承问题、老人赡养问题等,为了平衡家庭关系、促进家庭和睦,法官也进行了多次调解。法院的判决在一定程度上弘扬了社会主义核心价值观在公民层面“诚信、友善”的要求,也维护了社会的公平正义,促进了社会和谐。同时,倡导当事人在作出民事法律行为时要“意思表示真实”,体现了民法的意思自治、公平、诚实信用、合法等原则。告诫大家在今后作出民事法律行为、行使民事权利与义务时，应在法律允许的范围内进行，避免作出的民事法律行为最后无效、被撤销，从而“竹篮打水一场空”。本案对老百姓财富传承方式的选择、如何避免该类纠纷再次发生具有一定的指导意义。

律师点评

从法律适用的角度分析，关于民事法律行为的效力问题的法律规定，主要集中在《民法典》第 146 条、第 157 条，以及《最高人民法院关于适用〈中华人民共和国民法典〉总则编若干问题的解释》第 24 条。关于买卖合同的法律规定，主要集中在《民法典》第 595 ~ 647 条。关于赠与合同的法律规定，主要集中在《民法典》第 657 ~ 666 条。在上述法律条文中，规定了买卖合同成立的实质要件、赠与合同成立的要件以及撤销赠与的情形。

在原、被告各执己见时，法院则另辟蹊径选择了另一种思路，从根本上否定了原、被告的主张，认定原告与王甲之间所作的民事法律行为不发生效力。《民法典》第 157 条规定：“民事法律行为无效、被撤销或者确定不发生效力后，行为人因该行为取得的财产，应当予以返还……”由此判决应当归还案涉房屋。

房产过户主要有三种方式：继承、赠与、买卖。这三种不同的方式，面临的是不同的操作流程以及法律风险，而且所要缴纳的费用也各不相同。对于本案系赠与合同关系还是买卖合同关系的处理上，如何收集证据和整理认定系所主张的合同类型，是案件胜诉的关键，同时是可能导致案件败诉的主要原因。根据《民事诉讼法》《最高人民法院关于适用〈中华人民共和国民事诉讼法〉的解释》《最高人民法院关于民事诉讼证据的若干规定》的规定来看，“谁主张，谁举证”系原则性规定，未能提供证据或者证据不足以证明其事实主张的，由负有举证证明责任的当事人承担不利的后果。在这种法律关系争议较大的情况下，当事人如何举证是重中之重，而本案的被告主张系买卖合同关系,但未能提供实际支付对价的证据佐证。在这种情况下,法院会认为买受方没有实际支付对价,基于母子关系,买卖双方之间没有真实的买卖意思,实则是无偿的赠与,双方是想通过买卖的方式实现房产过户从而避税。如此一来,被告关于案涉合同系买卖合同,案涉房屋应当系被继承人的遗产,应当按照法定继承的主张未能得到法院支持。

笔者认为,赠与合同系诺成性合同,本质上是一个双方民事法律行为,单靠赠与人作出赠与的意思表示,赠与合同并不当然成立,还需要受赠人的承诺才能成立。赠与合同是无偿的,因而不能对赠与人苛责太重的义务,所以法律赋予赠与人享有任意撤销权,但也不能任意行使。赠与合同成立后,在交付标的物前(经过公证的赠与合同或者依法不得撤销的具有救灾、扶贫、助残等公益、道德义务性质的赠与合同,不适用前款规定),赠与人可以行使任意撤销权。赠与财产的权利已经实际转移的,若想撤销赠与,需要满足法定的撤销事由。因此,为了避免因赠与引起的纠纷,在赠与财物时,建议双方签订书面的赠与合同。如果双方均同意对赠与合同进行公证,也是保护受赠人权利的一种不错方式!

《民法典》规定了买卖合同是出卖人转移标的物的所有权于买受人,买受人支付价款的合同。顾名思义,一方交付货物,另一方支付价款,也就是俗话说的“一手交钱,一手交货”。本案被告败诉的点就在于王甲作为买受方未实际支付房屋价款,原告主张是为了让王甲为自己养老送终才与其签订的买卖合同,自己也从未向王甲主张过房屋价款。法院认为诉争房屋的处分虽具有买卖合同的外衣,但不符合买卖合同的实质要件,双方是以虚假买卖合同意思隐藏了真实赠与之意思,因此双方签订的买卖合同系无效民事法律行为。本案王甲已经去世,案涉房屋本应作为其遗产被继承,但案涉房屋最后被认定系附条件的赠与,在附条件无法实现的情况下,该民事法律行为不发生效力。根据《民法典》的规定,案涉房屋需归还赠与人。因此,在签订买卖合同时关于价款的约定、合同的履行、违约责任等都需要明确且符合法律规定,这样才能在发生纠纷时，更好地维护自己的权益。

为了避免与本案类似的法律风险发生，笔者认为父母要想把房屋留给子女，同时希望用最低的成本实现，不论是通过继承、赠与还是买卖的方式，都需要以合法有效的方式进行。如果想在去世后将房产只留给子女，建议通过生前订立遗嘱来实现（注意必留份）。如果想在生前将房产过户给子女，可以选择房产买卖或者房产赠与两种方式，且均需以符合法律规定的方式进行，避免后期产生纠纷。当事人在作出民事法律行为时需具有相应的民事行为能力，且意思表示真实，不违反法律、行政法规的强制性规定，不违背公序良俗。否则，在发生纠纷时，之前作出的民事法律行为可能被认定为无效、被撤销。因此，应当注意防范法律风险，避免事与愿违。

律师简介

雷敏慧律师，北京市盈科（西安）律师事务所股权高级合伙人、西安市临潼区第十四届政协委员、西北政法大学经济法学院实务导师、西安交通大学校外实务部专家、陕西广播电视台《帮忙有一套》栏目特邀律师、CCTV－12《律师来了》节目特邀律师、西安市律师协会婚姻家事·财富管理专委会主任、西安铁路运输检察院听证员、陕西省女子戒毒所专家顾问、西安市新城区人民法院特邀调解员、陕西省金融协会调解中心等多家调解中心调解员。

屈升萌律师，北京市盈科（西安）律师事务所执业律师、盈科西安律所家族法律事务部副秘书长、盈科西安律所知识产权法律事务部副秘书长、盈科西安律所青工委委员。专注于婚姻家庭纠纷、继承纠纷、知识产权纠纷等领域。

丛书总主编简介

李　华

盈科律师事务所创始合伙人、副主任、盈科全国业务指导委员会主任。

李华律师作为盈科全国业务指导委员会主任，负责盈科体系内的专业化建设，带领盈科律师，构建出完整的专业化法律服务体系，包括研究院、律师学院、专业委员会及专业化建设法律中心，推动盈科律师专业化的法律服务，以适应法律服务市场不断细分的需要。在此基础上，通过集成各专业委员会纵深化的法律服务能力为客户提供综合性的法律服务。

全国律师行业优秀党员律师、北京市优秀律师、北京市律师行业优秀党务工作者，最高人民检察院第六和第七检察厅民事行政检察专家咨询网专家，中国人民大学法学院法律硕士专业学位研究生实务导师，《钱伯斯大中华区指南2023/2024》TMT：数据保护&隐私领域上榜律师，2024 The Legal 500亚太地区中国法域榜单金融科技领域推荐律师。

杜　芹

高级合伙人，盈科全国婚姻家事法律专业委员会主任，盈科深圳管委会副主任，广东律协婚姻家事委员会副主任、深圳律协第十届民事委员会主任、深圳律师行业妇联副主席，国际法律评级“钱伯斯”及“THE LEGAL 500”私人财富领域上榜律师。执业领域：高端婚姻家事诉讼、家族财富管理与传承。创办杜芹家族律师团队，擅长处理疑难、复杂、涉外家事诉讼，经办案件项目上千，多宗为业内典型优秀及首创，如：首例人身安全保护令、遗嘱信托、探望权行为保全、首例遗产管理人、巨额离婚诉讼调解案、涉港澳复杂析产案等；同时擅长家族（企业）财富管理传承架构的系统设计和落地实操，是多家家族办公室、私人银行的顾问律师。著有《婚姻律师，这么做才专业》《你必须知道的遗嘱》《拒绝危险关系：婚外情的法律应对》《并购重组的法律智慧》等书籍。

本书副主编简介

郑素洁

北京市盈科律师事务所家事调解中心执行主任，北京物资学院法律专业学位点硕士研究生校外导师，北京多元调解发展发展促进会首批赴美 ADR 培训团成员，北京政府法制研究会专家讲师团成员。律师执业17年，专注婚姻家庭、继承、财富传承实务，已为 1000 余位私人客户解决家庭及家族法律问题，擅长代理疑难、复杂家事诉讼与非讼案件，擅长婚姻财富规划、财富保护与传承、家企风险隔离等。郑素洁律师作为主编之一编写畅销书《拒绝危险关系：婚外情的法律应对》《离婚关联纠纷法律应对指南》，广受律师同仁及读者朋友好评。

崔丹萍

深圳市律师协会备案的遗产管理人律师。从业以来，专注于研究婚姻家庭纠纷、继承纠纷，在婚姻家庭财产管理的私人法律顾问服务及诉讼领域拥有丰富的经验。经办的多起离婚纠纷被评为“广东省律师协会2018年度律师典型案例”“2023福田区优秀民商事法律服务案例”。参与编著《你必须知道的遗嘱》《拒绝危险关系：婚外情的法律应对》《婚姻律师，这么做才专业》《非凡家事：盈科婚姻家事经典案例》等书籍。

YINGKE® 盈科